AF130891

DR. MARGOT GERISCH

WENN
WOHNUNGEN
AUGEN
HÄTTEN ...

EINBLICKE IN EIN LEBEN
VOR UND HINTER DEN
KULISSEN DEUTSCH-DEUTSCHER
GESCHICHTE

www.novumverlag.com

Bibliografische Information
der Deutschen Nationalbibliothek:

Die Deutsche Nationalbibliothek
verzeichnet diese Publikation in
der Deutschen Nationalbibliografie.
Detaillierte bibliografische Daten
sind im Internet über
http://www.d-nb.de abrufbar.

Gedruckt in der Europäischen Union
auf umweltfreundlichem, chlor- und
säurefrei gebleichtem Papier.

© 2024 novum Verlag

ISBN 978-3-99131-865-1
Lektorat: Isabella Busch
Umschlag- & Innenabbildungen:
Dr. Margot Gerisch
Umschlaggestaltung, Layout & Satz:
novum Verlag
Autorenfoto: Dr. Margot Gerisch

Die vom Autor zur Verfügung ge-
stellten Abbildungen wurden in der
bestmöglichen Qualität gedruckt.

www.novumverlag.com

Druckprodukt mit finanziellem
Klimabeitrag
ClimatePartner.com/16547-2311-1001

Wenn Wohnungen Augen hätten ...
Der Possenreißer leiht seine aus

Margot Gerisch
arbeitete in den 50er- und 60er-Jahren in der Redaktion des
SONNTAG (heute FREITAG) und schrieb in dieser Zeit u. a. Literaturkritiken zu Neuerscheinungen von DDR-Autoren.

Veröffentlichungen
Lebenswenden
Geschichte erlebt und erzählt. Von 23 Autoren.
Hrsg. von Margot Gerisch. Schöneiche 2009

Die Wanderweste
Der Specht in *Schöneicher Hefte 2/2006*

Hilferufe eines Lindenblattes in *Jeder Baum lässt sich umarmen.*
Hrsg. von Katrin Pieper. Schöneiche 2007

Die Eiche im Alten Gutsdorf in *Mit dem Buch unterm Arm*
zu Bäumen und Steinen. Schöneicher Naturdenkmale 2015

Der Dirigent Fabian Enders in *Der Zauber liegt in der Arbeit.*
Künstler in Schöneiche 2016

INHALTSVERZEICHNIS

WOHNUNGEN

Andreasstraße

Mein erstes Zuhause war eine Wohnung in der Andreasstraße, gelegen in der Nähe des Schlesischen Bahnhofs in Berlin. Großvater, Schneider von Beruf, besaß eine Singer-Nähmaschine die ihn und seine zehn Kinder durchs Leben, auch über den Ersten Weltkrieg hinweg, gebracht hat. In der Mitte des Esstisches lagen zuweilen zwei Heringe, umgeben von ein paar Pellkartoffeln, wonach fleißig gegriffen wurde. Ich selber kam nicht in diesen Genuss, Mutter trug mich fort.

Büschingstraße

Ich gelangte in die nicht weit entfernte Büschingstraße, südlich vom Friedrichshain, nördlich vom Alexanderplatz. An diesen Platz fuhr sie mich fast jeden Abend, holte dort vom Bahnhof einen Mann ab. „Das ist dein Papa", redete sie lächelnd auf mich ein, und er beugte sich zu mir hinunter. Er war aus Schöneweide gekommen, wo er als Dreher arbeitete, das erzählte er mir später.

In unserer Stube stand ein schwarzes Metallbett, so groß, dass wir alle drei darin Platz hatten. Eines Morgens saß die Mutter auf dem Bettrand und weinte. „Na ja", erklärte mir der Papa, „der Storch hat der Mutti ins Bein gebissen, siehst du, wie es blutet?"
„Ja, ja", nickte ich, und wahrhaftig, die Ansicht des verwundeten Beines prägte sich mir so tief ein, dass ich bis ins hohe Alter glaubte, eine wirkliche Wunde gesehen zu haben. Heute weiß ich, dass alles ist eine Mär, aber Märchen glaubt man, sie bleiben, so alt wir auch werden, am Leben, sie bleiben jung, leben in uns.

In den nächsten Tagen befand ich mich in einem riesengroßen Saal, wohl in einem Krankenhaus. Um Muttis Bett standen ganz viele Leute, die mir den Blick zu ihr versperrten. Ich hatte neue

Gamaschenhosen an, die machte ich nass, ohne dass ich es verhindern konnte. Ich stieß Tante Wally an, die nahm mich sofort an die Hand, aber sie schimpfte nicht, nahm mich mit zu sich nach Hause. Dass ich ein Schwesterchen bekommen hatte, hat mir wohl keiner gesagt. Jedenfalls war Mutti bald wieder zu Hause, und ich lief jeden Tag mit ihr neben einem Kinderwagen zum Alexanderplatz. Warum nur konnte ich mich nicht erinnern, dass plötzlich ein Baby unter uns war? Ob es niemals geschrien hatte? Habe ich niemals sein Händchen angefasst? (Ich muss mich direkt mal bei meiner Ältesten erkundigen, ob sie sich an die Zeit erinnern kann, als Antje oder Steffen Babys waren.)

Friedrichsberger Straße 10

Nun, die enge Stube in der Büschingstraße haben wir bald verlassen und zogen in die Friedrichsberger 10, Stube und Küche im Hinterhaus, 2 Treppen. Das große Metallbett war durch zwei schöne hellbraune Holzbetten ersetzt worden, in denen ich in der Besucherritze schlafen durfte, und das Schwesterchen erhielt ein Kinderbettchen. Außerdem bewunderte ich einen großen Spiegelschrank, das sei eine Frisiertoilette, sagte mir Mutti und erklärte mir allerhand Gegenstände aus Glas, die darauf standen. Ihre Freude über die neuen Möbel war so groß, dass sie Papa um den Hals fiel und ihn immer wieder für die Idee lobte, die für die Altersrente eingezahlten Beiträge vorzeitig zurückzufordern.

Mein besonderes Interesse galt einem Regal, in dem Bücher aufgereiht waren. Eines davon sollte mein Lieblingsbuch werden: „Von Hans Sachs bis Wilhelm Busch, ein lustiges Versbuch für Kinder". Da ich noch nicht lesen konnte, hatten es mir die Illustrationen angetan, einfache Zeichnungen, die ich ausmalte wie in einem Malbuch, etwa einen Baum. Erst später, als ich die dazugehörige „Tragische Geschichte" von Adelbert von Chamisso lesen konnte, merkte ich, dass der vermeintliche Baum ein Mensch war, der sich ständig um sich selbst dreht. Weiterhin konnte ich bei dem Schwank „Die Histörchen" von August Kopisch zwar schon den Titel entziffern und erkannte die dazu abgebildete Illustration ganz richtig als eine Männerrunde, hielt diese Herren aber für Histörchen.

Dieses Buch hat mich viele Kindheitsjahre begleitet, die darin versammelten Märchen, Sagen, Legenden, Fabeln, Gedichte und Geschichten habe ich mit wachsender Begeisterung gelesen und lernte Verse von Goethe und Schiller, von Matthias Claudius, Peter Rosegger, Annette von Droste-Hülshoff, Theodor Fontane, Eduard Mörike, Joseph von Eichendorff, Ludwig Uhland und vielen anderen kennen und hatte meinen Spaß dabei, ohne dass mir deren Namen schon etwas gesagt oder gar bedeutet hätten.

Ich muss dieses Versbuch über die Kriegswirren hinweg gerettet haben. Denn als ich schon in der 5. Klasse war und uns unsere Lehrerin bat, doch mal irgendein Gedicht aufzusagen, suchte ich mir eins aus eben diesem Buch aus: „Das Erkennen", und bekam für meinen Vortrag eine Eins. Der Verfasser Johann Nepomuk Vogl war mir weder ein Begriff, noch ist mir sein Name im Laufe meines Germanistikstudiums jemals untergekommen.

Aber dieses Erlebnis hat mich im Alter eingeholt, und ich habe mir das längst abhandengekommene Buch im Antiquariat wiederbeschafft. Sogleich suchte ich „Das Erkennen" heraus, und das Mitgefühl mit dem darin beschriebenen Wanderburschen packte mich wie einst, sodass ich das Gedicht den Mitgliedern unserer Schreibwerkstatt unbedingt vorlesen musste.

Und siehe da! Eine Autorin aus der Runde sprach den Text mit, ihre Mutter habe es ihr oft vorgelesen, es war ein Bestandteil ihrer Kindheit gewesen, und sie hatte es auch als Erwachsene nicht vergessen.

Das Erkennen
von Johann Nepomuk Vogl

Ein Wanderbursch mit dem Stab in der Hand
kommt wieder heim aus dem fremden Land.
Sein Haar ist bestäubt, sein Antlitz verbrannt;
von wem wird der Bursch wohl zuerst erkannt?
So tritt er ins Städtchen durchs alte Tor,
am Schlagbaum lehnt just der Zöllner davor.
Der Zöllner, der war ihm ein lieber Freund,
oft hatte der Becher die beiden vereint.
Doch sieh, Freund Zollmann erkennt ihn nicht,
zu sehr hat die Sonn' ihm verbrannt das Gesicht.
Und weiter wandert nach kurzem Gruß
der Bursche und schüttelt den Staub von dem Fuß.
Da schaut aus dem Fenster sein Schätzel fromm:
Du blühende Jungfrau, viel schönen Willkomm!
Doch sieh, auch das Mägdlein erkennt ihn nicht,
die Sonn' hat zu sehr ihm verbrannt das Gesicht.
Und weiter geht er die Straße entlang,
ein Tränlein hängt ihm an der braunen Wang.
Da wankt von dem Kirchsteig sein Mütterchen her;
Gott grüß Euch! So spricht er, und sonst nichts mehr.
Doch sieh, das Mütterchen schluchzet vor Lust:
Mein Sohn! Und sinkt an des Burschen Brust.
Wie sehr auch die Sonne sein Antlitz verbrannt,
das Mutteraug' hat ihn doch gleich erkannt.

Seinerzeit, in der Friedrichsberger 10, gab es natürlich mehr, als
ein Buch zu entdecken. Allerlei Vergnügungen fanden wir Kin-

der auf dem zweiten Hinterhof. Es machte uns nichts aus, dass wir im ersten Hof nicht spielen durften, die Leute aus dem Vorderhaus hatten sich das verbeten. Hinten gefiel es uns ohnehin viel besser, weil gegenüber weit und breit nur niedrige Fabrikgebäude standen, so konnte die Sonne den lieben langen Tag auf uns herab scheinen.

Außerdem zeigten unsere Küchenfenster nach dieser Seite, und wir konnten nach unseren Müttern rufen, wenn wir etwas brauchten:

„Wirf uns doch 'ne Stulle runter!"

„Mit was denn?"

„Mit Margarine!"

Butterstullen, die schmeckten uns nicht, so seltsam sich das heute anhört. Mutti erzählte später oft, dass sie unsere Frühstücksstullen immer ganz dick mit Marmelade bestrich, damit wir die Butter darunter nicht sahen. Es ging uns also ganz gut.

Weniger gut fand ich allerdings, dass die alte Frau aus dem Parterre, die sich immer so nett mit uns unterhalten hatte, kein Wort mehr mit uns wechselte, uns kaum noch anschaute, dabei war Frau von Pazciensky doch so gesprächig gewesen, hatte oft sogar mit uns und über uns gelacht.

Ob das an dem sonderbaren Stern lag, der neuerdings an ihrer Jacke befestigt war?

Mittlerweile verliefen unsere Tage auch nicht mehr so wie bisher, denn wir holten Papa nicht mehr vom Bahnhof ab. Er war eingezogen worden, hatte jetzt Dienst in einer Kaserne in Küstrin. Mutti fuhr ihn manchmal besuchen, brachte Fotos davon mit, darunter das sehr schöne, auf dem sie mit Mantel, einem schicken Hut und modischen Hackenschuhen neben ihrem Mann abgebildet ist. Als er einmal zum Urlaub nach Hause kam, machten wir einen kleinen Ausflug ins Strandbad Müggelsee. Weitere gemeinsame Unternehmungen hat es dann nicht mehr gegeben. Von uns wollten wir ihm auch Fotos zuschicken. So ging Mutti sonntags mit uns in den nahen Friedrichshain zum Fotografieren. Dort durften wir uns in ein Kinderauto setzen, das der Fotograf für seine Familienbilder bereithielt, die dann an Papa geschickt wurden, erst in die Kaserne nach Küstrin, dann nach Russland.

Einmal fuhr Mutti mit uns nach Chemnitz zu einer Tante Dora, eine ihrer Schwestern. Erinnerungen an die Kindheit wurden besprochen, darunter die in aller Gedächtnis haftende Geschichte von den beiden Salzheringen und den Pellkartoffeln, die unter ihnen, so gerecht es nur ging, verteilt wurden, ohne dass Zank und Streit aufgekommen wäre. Natürlich war auch Opas Singer-Nähmaschine im Gespräch, die Mutti über die Zeiten bewahrt hatte und die auch später in meiner Familie ihren Platz und ihren Nutzen fand. So manche Gardine wurde damit genäht.

Eine andere Schwester, die nicht gar so weit entfernt wohnte, haben wir öfter besucht: Tante Lieschen wohnte mit ihrem Mann in Berlin-Karow in einer Kellerwohnung. Aber bei ihr gefiel es uns Kindern nicht, weil wir immer ganz brav in der Küche sitzen mussten, es sollte schließlich nichts schmutzig gemacht werden, Kinder gab es dort nicht.

Am liebsten waren wir bei Tante Wally und Onkel Georg zu Besuch, sie wohnten auch in Karow, in dem Garten an ihrem Häuschen durften wir uns nach Herzenslust austoben, und in den Sommermonaten konnten wir alle draußen im Garten sitzen. Von Onkel Georg, ihrem Bruder, hat Mutti oft erzählt, er sei der Einzige gewesen, der zu allen Zeiten, auch in schwierigsten Situationen zu ihr gestanden hätte. Dabei sah sie mich an und umarmte mich.

Ausgerechnet ihn, den verehrten und geliebten Bruder hatte es kurz vor Kriegsende getroffen, als im Nachbargrundstück eine Sprengbombe einschlug, bei ihm und bei Tante Wally waren die Lungen geplatzt.

Dieses Unglück indes sollte nicht der einzige Schicksalsschlag sein, der unsere kleine Familie in diesem Krieg ereilte. Schon 1942, oder war es Anfang 1943, besuchte uns ein fremder Mann, er hätte eine traurige Nachricht zu überbringen: „Ihr Mann ist in der Schlacht bei Stalingrad gefallen, aber trösten Sie sich, er hat sich nicht lange quälen müssen, er starb unmittelbar nach einem Kopfschuss." Später habe ich erfahren, dass die Überbringer solcher Todesnachrichten dazu angehalten waren, den Witwen diese schnelle Art des Sterbens mitzuteilen, auch wenn es sich an der Front in Wahrheit viel qualvoller zugetragen hatte, um die Trauernden wenigstens etwas zu beruhigen. Mutti war natürlich nicht zu beruhigen und begann bitterlich zu weinen. „Aber Sie sind doch noch so jung", sagte er noch und hielt das wohl für einen Trost, wobei er natürlich recht hatte, unsere Mutter war gerade mal 29 Jahre jung.

Auch in anderer Weise sollten wir jetzt die Nähe des Krieges zu spüren bekommen. Die Nächte verbrachten wir jetzt immer im Luftschutzkeller des Hauses, schliefen dort, so gut wir konnten. Einmal wurden wir von einem tumultartigen Treiben aus dem Schlaf gerissen. Frauen und die paar Männer, die sich da noch unter den Zivilisten befanden, kamen lachend und weinend und lärmend in den Keller, umarmten sich und freuten sich über alle Maßen. Wie wir dann mitkriegten, war ihnen etwas Großartiges gelungen. Sie hatten es geschafft, dass das Feuer der von Brandbomben getroffenen Fabrikgebäude hinter unserem Haus nicht auf unsere Wohnungen übergriff. Sie hatten gelöscht und gelöscht, rochen jetzt noch nach Qualm und Brand. Eines der schönen bunten Kopftücher von Mutti war versengt, auch ihre Haare.

Trotz der Bombennächte ließen wir uns von unseren fröhlichen Spielen auf der Straße nicht abbringen: Hopse, meistens „Himmel und Hölle", aber auch Trieseln und Einkriegezeck. Noch brennende oder schwelende Ruinen auf der anderen Straßenseite störten uns nicht, sie gehörten zu unserem Alltag.

In den Nächten allerdings hielt es uns nicht mehr in den Kellern unserer Häuser. Sobald die Sirenen zu heulen begannen, zogen wir mit Sack und Pack, vor allem mit den Federbetten, in den großen, bombensicheren Bunker im Friedrichshain. Nach erneutem Sirenengeheul, nun der Entwarnung – die Bomben werfenden Flieger waren also abgezogen –, wanderten alle wieder nach Hause, nun mit der bangen Frage, ob die jeweiligen Wohnhäuser nichts abgekriegt hatten und noch standen. Wir jedenfalls hatten Glück.

Dennoch wurden die Kriegsgefahren immer drängender, die Bombardierungen folgten dichter aufeinander, und so wurden 1943 – oder war es 1944 – viele Berliner evakuiert, darunter auch wir.

Mit allem, was mitzuschleppen ging, zogen wir los. Die erste Zwischenstation war ein Bahnhofsflur, in dem neben uns noch viele andere übernachteten. Weiter ging es dann nach Elsterwerda-Biehla. Unser Zug setzte sich gerade zur Weiterfahrt in Bewegung, da hörten wir vom unteren Bahnsteig her den übermenschlich lauten Schrei einer Frau. „Haaalt! Haaalt", schallte es bis zu uns hoch. Wie sich dann herumsprach, befanden sich die Kinder der Frau in dem bereits anfahrenden Zug, sie hatte nur noch schnell ihre Federbetten holen wollen. Oh Wunder! Der Lokführer hatte den Hilferuf gehört und sofort angehalten. Die Freude darüber bewegte die Fahrgäste in unserem Abteil noch lange. Dann aber war das Ziel unserer Reise Gesprächsthema: Wohin werden wir wohl gebracht? Es wird wohl nach Genthin gehen, meinten einige. Das sei aber kein so schöner Ort, war die allgemeine Stimmung. Nein, hieß es dann, für uns sei Kirchmöser vorgesehen. Alle waren froh, ja, das sei eine wunderbare Gegend.

Kirchmöser

Und so kam es denn auch. Wir wurden in einem Mansarden-stübchen einquartiert, dicht an einem Kiefernwald, in dem wir reichlich Brennmaterial für den kleinen Ofen, also Kienäpfel, sammeln konnten. Nicht weit von unserer Unterkunft floss die Havel, in der wir nach Herzenslust badeten. Schwimmen konn-ten wir noch nicht, aber aus den am Ufer wachsenden Binsen, bauten wir uns wirksame Hilfsmittel, so etwas wie Schwimm-ringe, mit denen wir auch ins Tiefe paddeln konnten.

Keine Sirenen, keine Bomber störten uns. Nur manchmal erin-nerten uns die Flammen, die auf der dem Fluss gegenüberlie-genden Seite zu sehen waren, daran, dass Krieg war. Das Walz-werk Brandenburg war bombardiert worden und wohl auch Wohnhäuser der Stadt.

Auf der bei uns friedlichen Seite des Flusses hatte unsere Mut-ter in der Nähe des Ufers ein paar Beete angelegt, wo sie Radies-chen und Gemüse anpflanzte oder Saatkörner ausstreute. Als Kind hat man noch keine Lust auf „Gartenarbeit", und die wurde auch nicht von uns verlangt. Viel lieber tobten wir in einem al-ten, auf den nahen Gleisen abgestellten Eisenbahnwagen herum.

Das zusätzlich zu den rationierten Lebensmitteln gezogene Gartengemüse reichte allerdings nicht aus, uns satt zu machen, Brot fehlte oft. Da brachte ich eben mal einen schön gemuster-ten Seidenstoff, den die Mutter „übrig" hatte, zum Bäcker und erhielt dafür ein köstliches frisches Zweipfundbrot, von dem wir – sparsam über die Tage verteilt – essen durften.

Viel Spaß hatte ich in jenen Tagen beim Fahrradfahren, muss-te es jedoch erst von den anderen Kindern lernen, und da ich nur ein Herrenfahrrad ergattern konnte, war das für mich zu-sätzlich schwer. Ich schaute erst mal zu, wie die anderen das machten: Das waren ja regelrechte Kunststücke, eigentlich Ver-renkungen, wie die das eine Bein, mit dem sie nicht ü b e r die Lenkstange reichten, u n t e n durchschoben, um so auf das rechte Pedal zu gelangen. Man klebte so mehr neben dem Fahrrad, als dass man darauf saß. Es sah ein wenig gefährlich aus, aber man kam voran.

Wie groß war meine Freude, als Mutti von einer Berlinfahrt ihr Damenfahrrad mitbrachte, damit ließ sich herrlich fahren, auch wenn ich noch zu klein war, um auf dem Sattel sitzen zu können. Sozusagen im Stehen zu fahren, das war für uns Kinder ganz und gar üblich, denn um die Schule in Kirchmöser-West zu erreichen, hatten wir eine halbe Stunde zu trampeln. Am Anfang konnte ich eine Schule ganz in unserer Nähe besuchen, die wurde jedoch bald als Lazarett gebraucht.

Als unsere Mutter wieder einmal von einer Berlinfahrt zurückkehrte, war sie sehr niedergeschlagen. Mit trauriger, schwacher Stimme teilte sie uns mit, dass die Friedrichsberger Str. von Brandbomben zerstört worden war. Die einzigen, die etwas von ihren Möbeln retten konnten, waren die Knüpfers aus dem Parterre im Vorderhaus. Es hätte also auch nichts geholfen, wenn wir zu der Zeit in Berlin gewesen wären.

Dann kamen die Russen nach Kirchmöser, fuhren in ihren Lastwagen durch den Ort. Für uns Kinder war das erst mal eine große Freude, denn sie warfen uns Leckerbissen auf die Straße: Studentenfutter, so etwas kannten wir gar nicht. Sie kampierten dann in ihren Lkws in dem Wald hinter unserem Haus.

Vom Fenster unserer Dachkammer aus sah Mutti eines Tages, wie meine kleine Schwester in eines der Russenautos gehoben wurde. Allein im Haus teilte Mutti ihre Ängste sofort mit, was war denn jetzt zu machen? Schließlich wurde beschlossen, ich, die vernünftige große Schwester, solle hinuntergehen und sie aus dem Auto holen. Auf meine aufgeregte Zeichensprache reagierte der Soldat mit gütigem Lachen und übergab mir die Kleine. Die Aufregung war ganz umsonst gewesen.

Dennoch bekamen wir es erneut mit der Angst zu tun, als ein sauber gekleideter Russe, wahrscheinlich ein Offizier, an unserer Kammertür erschien und mich bat, mitzukommen. Nein zu sagen, das trauten wir uns nicht. Er ging mit mir ein paar Häuser weiter in sein Quartier. Das war eine Wohnung, wie ich sie bis dahin nicht kannte, so vornehm, mit geräumiger Diele, sogar mit Teppich im Wohnzimmer.

Er gab mir allerhand Konserven, Früchte und Süßigkeiten, hatte wohl Mitleid mit der armen Witwe und ihren Kindern, die obendrein nun auch noch ausgebombt waren. Jedenfalls war die Freude groß, nachdem ich unbeschadet und dazu reich beschenkt wiederkam.

Bevor die hinter unserem Haus stationierten Truppen abzogen, kam der Soldat, der meine Schwester in sein Auto gesetzt hatte, noch rasch zu uns hoch und übergab Mutti ein großes Stück Speck, in Lappen eingewickelt. Als sie es auspackte, schreckten wir erst einmal zurück, Maden über Maden wimmelten darin. Aber das Geschenk war zu kostbar, als dass der Ekel die Oberhand gewinnen durfte. Geduldig und ausdauernd wurde das Gewürm herausgespült, das Speckstück gewaschen und geschrubbt, sodass es zum Anreichern unserer kargen Mahlzeiten gut genutzt werden konnte.

Ein Geschenk besonderer Art erhielten wir in jenen Tagen von der Ortsverwaltung, pro Person gab es 20 Pfund Zucker, wir hatten also einen Sack mit 60 Pfund Zucker nebenan auf dem Boden stehen. Daraus wurden die unterschiedlichsten Sorten Bonbons in der Pfanne „gebraten". Ob die wirklich jeweils anders schmeckten? Es gab ja keine weiteren Zutaten.

Woher hatten wir damals überhaupt das Geld, um etwas zu essen einzukaufen? Ob Mutti Witwenrente bekam? Gab es damals überhaupt schon so etwas? Ach ja, war sie seinerzeit dem Papa nicht um den Hals gefallen für seine Idee, sich die von beiden für die Altersrente eingezahlten Beiträge vorzeitig auszahlen zu lassen? Bekam sie jetzt also nichts? Da hätte sie wohl arbeiten gehen müssen, aber wo im fremden Kirchmöser?

Friedrichsberger Straße 4

1945, der Krieg war zu Ende, ging es zurück nach Berlin, wieder in die Friedrichsberger Straße. Dass es unsere Nr. 10 nicht mehr gab, hatten wir ja von Mutti gehört, nun sahen wir es mit eigenen Augen: Nur ein Trümmerhaufen war davon übrig geblieben. Dass wir dennoch in der uns bekannten Straße wohnen konnten, hatten wir Onkel Alfred zu verdanken, der uns in seiner Kellerwohnung im Seitenflügel des Hauses Nr. 4 aufgenommen hatte.

Als wir in den Hof kamen, standen wir erst mal staunend vor einer Menge Wasser: ein Teich im Hof? Das sei alles Löschwasser, erklärte uns Onkel Alfred, aber sie hätten's ja Gott sei Dank nicht nutzen müssen. Und so kam es, dass dieses Becken nach ein paar Tagen geleert und mit Sand zugeschüttet wurde.

Die damit beschäftigten Männer gingen aber noch nicht vom Hof, als sie mit dieser Arbeit fertig waren, ein Baum sollte abgesägt werden. Warum? Sein kräftiges Grün gefiel uns, und er war auch so schön hoch. Doch je bekannter wir mit ihm wurden, desto mehr bekamen wir es mit der Angst zu tun. Er steckte voller Raupen, Feuerraupen, vor denen sich alle fürchteten. Sie krochen die Wände hoch bis in die Wohnungen. Wer immer wieder eine von den dicken, fetten, feuerroten, stachligen Raupen in seiner Küche zertreten musste, den ekligen Matschhaufen auf die Müllschippe schieben und zum Mülleimer bringen musste, der war froh, dass der Übelbringer jetzt gefällt wurde. Schade war's dennoch, eben das einzige Grün im Hof. Wer im Hinterhof links wohnte, hatte immerhin gut lachen, jetzt kam Licht in die Stuben.

Onkel Alfreds Kellerstube strotzte natürlich nicht vor der neuen Helligkeit. Desto beeindruckender wirkte seine Person auf uns. Er war ein wunderlicher Mann, lahmte so stark, dass sich sein Oberkörper bei jedem Schritt weit nach vorne bog, seine linke Hand lag dabei auf dem Rücken. Wenn er sprach, unterbrach er sich oft mit einem heiseren, krächzenden Lachen. Das hörten wir Kinder bis in den Schlaf hinein, es spielte sich ja alles in der einzigen Stube ab, und zum Abend hin wurde es immer turbulenter. Ein ganzer Trupp versammelte sich beinahe täglich um den Tisch zum Kartenspiel, meistens wurde Rommé gespielt, oft aber auch „Schlesische Lotterie", was, wie es hieß, verboten war. Weil es dabei um Geld ging? Keine Ahnung. Jedenfalls war bei ihm immer was los.

Er verstand sich auch aufs „Ranschaffen", sogar Saccharin gab's bei ihm, unter seinen Fittichen litten wir keine Not. Wir hatten immer was zu essen, Brot und Marmelade, Kartoffeln und Grütze. Wenn ein Bettler an die Tür klopfte, konnte ich ihm sogar eine Scheibe Brot zustecken.

Zum Anziehen hatten wir auch dies und das, unsere Kellernachbarn, zwei alte Frauen, verstanden sich nämlich aufs Nähen und konnten aus einer warmen Decke einen Wintermantel für mich schneidern. Als es mal für Kinder eine Stoffzuteilung gab, nähten sie für Irmchen und mich schicke Kleider. Sogar Wolle konnte Onkel Alfred auftreiben, aus der eine Frau vom Haus, deren Mann noch in Kriegsgefangenschaft war, für jeden von uns eine schön gemusterte Jacke strickte.

Auch das Spielen ging uns gut von der Hand; wenn ich mich auf einen Stuhl stellte, konnte ich die Nische am Fenster, die etwas tiefer als die Fläche des Hofes lag, wunderbar als Puppenstube nutzen. Mein Püppchen, 8 cm groß, fühlte sich darin wohl ...

Manchmal blieb ich vor dem kleinen Bücherschrank stehen, hinter dessen Scheiben eine Bibel ihren Platz gefunden hatte. Nachdem es in der Schule Religionsunterricht gab, begann ich mich dafür zu interessieren. Ich durfte das dicke Buch vorsichtig in die Hand nehmen und kurze Zeit darin lesen, die Weihnachtsgeschichte hatte es mir angetan. Es kam mir wie ein Wunder vor, dass ich den vollen Wortlaut am nächsten Tag im Unterricht aufsagen konnte. Die Lehrerin wollte mir nicht glauben, dass ich den Text nur einmal gelesen hätte, was ich ihr bis zum heutigen Tag übel nehme. Denn ich war von all den staunenswerten Geschichten, die mir die Religionsstunden vermittelten, so bewegt, dass mir diese Gedächtnisleistung ohne Weiteres gelang.

Weihnachten 1945 wird mir aber auch aus einem anderen Grund in Erinnerung bleiben: Jeder Schüler bekam eine Sonderzuteilung an Süßigkeiten, leckere Fondants, und ausgerechnet jetzt bekam ich die Mundfäule. Mit diesen schmerzhaften Bläschen genau auf der Zungenspitze konnte ich nichts von diesem damals doch so raren Naschwerk genießen.

Doch abgesehen von diesem Pech, bei Onkel Alfred ging es uns gut. Bis das Jahr 1947 kam.

Schluchzend fand ich Mutti in der Küche vor.
„Was ist denn?"
„Ach, Onkel Alfred wäscht sich nicht, reibt sich nur mit dem Handtuch ab."

Den wahren Grund hatte sie mir wohl nicht sagen können. Jedenfalls machte er eines Tages rüber in den Westen, war einfach abgehauen. Doch er würde uns später nachholen. Daraus ist leider nie etwas geworden, er hat nichts mehr von sich hören lassen.

Einige Wochen danach kam ein Herr zu uns. Unsere Mutter war gerade nicht zu Hause, so begann er mich nach Onkel Alfred auszufragen, warum er denn rübergemacht sei. Ich wusste nichts zu antworten.
Da schrie er mich an: „... weil er ein Nazi war!"
„Nein!", schrie ich, gerade mal 12, zurück, „er hat immer Radio London gehört."
„Ach, das haben doch alle!", schimpfte er und eilte davon.

Was sollte er auch von mir erfahren können!

Allerdings ging mir später durch den Kopf, dass Onkel Alfred bei den abendlichen Spielrunden in sein krächzendes Lachen verfiel, wenn er vom K o n z e r t l a g e r sprach.

Wie auch immer, unsere Mutter war jetzt wieder auf sich alleine gestellt. Sie versuchte sich auf dem Schwarzmarkt am Alex und bot Strümpfe an, Tante Lieschen hatte ihr irgendwie dazu verholfen. Es brachte kaum was ein. Auch Hamsterfahrten waren angesagt, sie fuhr in übervollen Zügen hinaus aufs Land, da konnte sie sich manchmal gerade noch neben anderen aufs Trittbrett quetschen. Für die paar Habseligkeiten, die sie noch besaß, erhielt sie von den Bauern Essbares, mal Kartoffeln, mal etwas Speck, als besonderes Mitbringsel für uns Kinder eine Milchkanne voll Melasse.

Bauern waren für uns die habgierigen Reichen, die den Städtern noch das letzte Hemd vom Leibe zogen. Für unsere Betten hatten wir nur noch ein paar zerschlissene Bezüge und drei Laken aus Nesselstoff, die so steif waren, dass man sie nicht mal richtig auswringen konnte.

Es gäbe aber so ganz auf die Schnelle auch andere Möglichkeiten, für die Familie was zu essen zu besorgen, erfuhr Mutti von den Hausbewohnern. Gleich hier in unserer Straße könne sie als Trümmerfrau Geld fürs Essen verdienen, auch mühselig, gewiss, „aber versuchen Sie es doch auch mal", war der Rat von zwei darin erfahrenen Frauen, den unsere Mutter sofort befolgte ...

Indes sollte ein weiterer Tipp für uns von noch größerer Bedeutung sein: Eine Wohnung im Quergebäude würde bald frei werden, denn die jetzige Mieterin wollte heiraten und zog dann zu ihrem Mann nach Eberswalde. Da sei es ratsam, gleich als Untermieter einzuziehen, dann könnten wir raus aus dem Keller und hätten bald eine eigene Wohnung. Gesagt, getan. Frau Jansen zog aus, und wir wohnten nun im 2. Stock.

Stube und Küche waren zwar auch nicht größer als die im Keller, aber doch entschieden heller, wenn auch hier kein Sonnenstrahl hinreichte, die vorspringende Mauer des Seitenflügels verhinderte das. Man konnte jedoch vom Küchenfenster zum über Eck liegenden Stubenfenster eine Wäscheleine anbringen, so konnten die Sachen immer schön an der Luft trocknen. Ein Blumenbrett mit doppeltem Boden diente in den kalten Monaten als Kühlschrank.

Von irgendwoher hatte Mutti zwei gusseiserne Luftschutzbetten aufgetrieben und einen Kasten, in dem mal eine elektrische Handbohrmaschine eingepackt gewesen sein musste, das stand in fetten, schwarzen Buchstaben auf dem Kasten, den stellten wir hochkant an die Wand und brachten darin allerhand Dinge unter, die man in der Küche brauchte. Onkel Alfreds Küchenschrank kriegten wir auch irgendwie nach oben, zusammen mit dem abgewetzten Tisch und den zwei farbrissigen Stühlen. Der Tisch hatte eine Zwischenplatte, auf der die kleine Wanne abgestellt war, in der das schmutzige Geschirr gestapelt wurde. Wenn sie voll war, wurde abgewaschen, das geschah so etwa alle drei Tage. Wie das allerdings mit dem einzigen Kochtopf ging, weiß ich nicht mehr, die einzige Bratpfanne jedoch geriet nie in den Abwasch, um Fett zu sparen. So richteten wir uns ein.

Von hier oben konnten wir auch die Männer viel besser hören, die regelmäßig auf den Hof kamen und mit angestrengter Stimme zu singen begannen. Obwohl Geld bei uns knapp war, wickelten wir jedes Mal einige Sechser oder Groschen in ein Stück Papier und warfen die hinunter.

Auch der Leierkastenmann bekam sein Geld, das wir ihm meist persönlich in die Hand drückten. Denn sobald er erschien, waren wir Kinder zur Stelle, um nach seinen Melodien zu tanzen, oder was wir so darunter verstanden. Flott bewegten wir uns nach dem allerorts gespielten Schlager „Komm mit mir nach Tahiti", warfen rhythmisch den Kopf nach hinten und sangen:

Komm mit mir nach Tahiti,
nach Tahiti mit mir,
dort am Strande von Tahiti
bin ich glücklich mir dir.
Blau ist der Himmel,
blau ist das Meer,
dort am Strande von Tahiti
bin ich glücklich mit dir.

Noch heute, bei Familienfeiern, kommt es über mich, und ich führe eine meiner einstigen „Künste" vor. Dabei weiß ich auch heute noch nicht genau, was es mit Tahiti auf sich hat und wo es liegt, ich weiß nur, dass es auch noch ein Haiti und ein Hawaii gibt, Letzteres bekannt durch Obama.

Die Freude an unserer neuen Wohnung fand ein jähes Ende. Frau Jansen, nun verheiratete Rademann, stand eines Tages unvermittelt mit Sack und Pack vor der Tür. Das Eheglück hat nicht lange gehalten. Mutti ließ die Frau rein. Abgesehen von der Beengtheit mussten wir nun täglich mit dem Lüftungsfimmel dieser Frau leben. Sie bugsierte ihr Federbett jeden Morgen ans offene Fenster, das den ganzen Tag geöffnet bleiben musste.

Mutti hielt der Herrschsucht dieser Frau nicht lange stand. Sie flüchtete, so oft es ging, zu Ella, einer lebenslustigen, geselligen, hilfsbereiten jungen Frau, die eine Treppe tiefer wohnte. Dort fand sie ein wenig Ablenkung, sie erfuhr dort auch, dass sie Frau Rademann den Eintritt in die Wohnung hätte verbieten können, denn wer die länger als vier Wochen nicht bewohnt, hätte das Recht darauf verloren. Aber woher sollte unsere Mutter das wissen? Zu uns Kindern verhielt sich die Frau übrigens freundlich, mir brachte sie so manchen Haushaltstipp bei, unter anderem das Kartoffelschälen.

Zum Glück hielt die „Wiederbesetzung" unserer Wohnung nicht lange an, Frau Rademann konnte in die Strausberger Straße ziehen, und Mutti konnte wieder aufatmen. Jetzt hatten wir endlich Zeit und auch Lust, andere Leute zu besuchen.

Sonntags fuhren wir oft zu den Lehmanns, die in einer Laubenkolonie in Berlin-Hohenschönhausen wohnten. Die Straßenbahn 63 fuhr am S-Bahnhof Landsberger Allee vorbei und brachte uns bis zur Station Am Steuerhaus.

Tante Lehmann war über die Maßen dick, wir haben sie nur im Sessel sitzend erlebt, von dem aus sie ihre zehn Kinder, alles Mädchen, mit hoher, strenger Stimme befehligte. Die gehorchten aufs Wort.

Die Älteste war Mariechen, die selber schon ein Kind hatte. Tante Lehmann sah dem Kleinen sofort an, dass er keckern wollte: „Schnell, schnell, Mariechen, setz ihn auf den Topf, dann hast du wieder eine Windel gespart!", rief sie der Tochter zu.

Ihr Sessel stand neben dem Ehebett, in dem Onkel Ernst lag, ein dürrer, ausgemergelter Mann, der ständig husten musste, es hieß, er habe es mit der Lunge.

Von diesem Zimmer, Schlaf- und Wohnstätte in einem, ging ein weiterer Raum ab, in dem die Betten für alle Kinder neben- und übereinanderstanden. Dann gab es noch eine Küche, eine Veranda und einen Stall. Im Garten wuchs viel Gemüse, am Rande blühten ein paar Blumen.

Unsere Mutter, dankbar, dass wir hier im Freien spielen konnten und mit den anderen Spaß hatten, begab sich, kaum angekommen, gleich in die Küche und erledigte bereitwillig den Abwasch.

Wir Kinder konnten alle gut miteinander. Am besten verstand ich mich mit der 16-jährigen Marianne, die von den Russen vergewaltigt worden war. Die Familie machte kein Geheimnis draus.

Ohne was Rechtes zu wissen, wunderte ich mich, dass gerade sie so lieb und verständnisvoll war. Ob man, nachdem einem Böses angetan wurde, mehr Verständnis für andere aufbrachte?

Trotz allem, der Kontakt zu den Lehmanns fand eher als gedacht ein Ende. Das letzte Treffen fand zu meiner Einsegnung statt. Unsere ehemaligen Nachbarsfrauen aus dem Keller hatten für mich ein Kleid aus dunkelblauem Stoff genäht, mit weißer Spitze verziert. Und Mutti hatte sich abgemüht, belegte Schrippen anzubieten. Die Gäste langten tüchtig zu, unter ihnen die beiden Lehmanns, Mariechen und ihr Sohn.

Sie hatten mir sogar ein Geschenk mitgebracht, eine Armbanduhr. Leider stellte sich heraus, dass die nicht ging, einfach kaputt war.

„Da kommen die hierher, auch noch zu zweit, essen sich satt – und dann so was!" Mutti war empört, es war ja nicht leicht für sie gewesen, die Mittel für das „Festessen" zu beschaffen.

Mit Heimarbeit, dem Häkeln von Filetdecken aus Fallschirmseide, hatte sie etwas Geld verdient. Um diese schön zu spannen – das Muster sollte möglichst klar zum Ausdruck kommen – hatte sie aus Holzleisten große Rahmengestelle zusammengebastelt, die sie des Platzes wegen auf dem Boden aufstellte. Sobald diese Handarbeiten ordentlich in Form waren, verpackte sie sie sorgfältig, und ich lieferte sie dann in einem Laden in der Boxhagener Straße ab. Für all diese Mühen nun mit einem vorgetäuschten Geschenk betrogen zu werden, das war zu viel. Mit den Lehmanns wollte sie nichts mehr zu tun haben.

Vielleicht war auch eine Ablenkung ganz anderer Art dazwischengekommen.

Seit einiger Zeit besuchte uns nämlich Herr Metzner öfter. Er war der Vater meiner Schulfreundin Anneliese, deren Familie bis vor Kurzem im Nebenhaus Nr. 3 wohnte und dann in die Mark Brandenburg gezogen war. Der Vater jedoch kam immer noch regelmäßig nach Berlin, hatte eine Arbeitsstelle im Westteil der Stadt und verdiente dort gutes Geld. Einmal fragte mich Mutti, was ich sagen würde, wenn sie noch einmal heiraten würde. Ich hatte nichts dagegen, kannte Herrn Metzner ja schon länger. Er war ein freundlicher, hoch gewachsener Mann, sprach immer recht leise, fast heiser, sein Gesicht sah gelb aus, ein wenig kränklich. Einmal eilte Mutti das Treppenhaus hinunter und wischte Erbrochenes weg, er hatte sich übergeben müssen. Danach kam er seltener. Als ob er ein schlechtes Gewissen hätte und etwas gutmachen wollte, bot er Mutti an, die Tochter, also mich, für einige Ferienwochen zur Erholung mit zu sich nach Hause zu nehmen.

Dort in Dahme/Mark gefielen mir die ersten Tage sehr gut. Anneliese machte mich mit ihren Freundinnen und Freunden bekannt, und wir hatten gemeinsam dies und jenes zu beschwatzen. Allmählich aber ging mir die Mutter auf die Nerven, sie war das, was man ein keifendes Weib nennt, es kam mir so vor, als würde sie, wo es nur ging, Streit mit ihrem Mann suchen. Zu mir jedoch war sie nett, teilte mir bei jedem Essen einen Nachschlag zu, obwohl ich längst genug hatte. Früher als geplant trat ich die Heimfahrt an.

Mutti war überrascht, als ich unversehens in der Tür stand, wohl auch ein wenig enttäuscht, weil sie die Socken, die sie inzwischen für mich stricken wollte, noch nicht fertig hatte. Nichtsdestotrotz umarmten wir uns. Freudentränen standen uns in den Augen.

Da wagte ich, ihr eine Frage zu stellen, die mich schon lange beschäftigte: „Ich höre öfter, dass ich unähnlich bin, hat das damit zu tun, dass ich einen anderen Nachnamen habe als du und Irmchen, aber so anders sehe ich doch gar nicht aus." „Ach", meinte sie „damals, als Papa so schnell eingezogen wurde, war einfach keine Zeit mehr, deinen richtigen Namen einzutragen."

Als wenn es dazu nichts mehr zu sagen gäbe, wechselte sie das Thema und schlug vor, mal mit uns in die Blaubeeren zu fahren. Wir waren sofort dafür und auch neugierig darauf. Mit der S-Bahn fuhren wir nach Bernau, dort in einem Waldstück fanden wir mühevoller als gedacht ein paar Beeren. Bestimmt gab's bessere Sammelstellen.

Ohne reiche „Ernte" begaben wir uns nach Hause, die brachte ich dann in einer Viertelpfundtüte zum Fleischerladen, wo mir dafür ein Stückchen Leberwurst rübergereicht wurde. Wir hatten wieder was zu essen.

Da das aber auch nicht lange reichte, wollte Mutti wieder „richtig" arbeiten gehen. Dabei geriet sie für mehrere Monate – oder waren es nur Wochen? – in die „Knochenmühle", wie damals der große Schneiderei-Betrieb in der Greifswalder Straße allenthalben genannt wurde. Sie schuftete dort mit vielen anderen Frauen im Akkord, fertigte Taschen und Umschläge für Uniformen, die Gründung der Kasernierten Volkspolizei stand ja bevor, und vielleicht hieß der Betrieb auch schon VEB Fortschritt.

Unsere Mutter hielt das alles nicht so gut durch, sie litt unter einem Myokardschaden, wie sie uns sagte, irgendwie sei ihr Herz nicht in Ordnung. Dass sie jeden Tag Zigaretten rauchte, darüber machten wir Kinder uns jetzt doch ernsthaft Gedanken. Ob das nicht schädlich für Mutti war? Zum Weihnachtsfest wünschten wir uns nichts sehnlicher, als dass sie mit dem Rauchen aufhört, schrieben das auch als einzige Bitte auf unseren Wunschzettel. Es half nichts.

Dabei lag sie oft kraftlos darnieder. Ich saß manchmal am Bettrand, schob die Zudecke etwas zurück, schaute auf ihren eingefallenen Körper und erblickte mitten auf dem Bauch eine platt gedrückte Wanze. Mutti sah mich an, traurig, als ob sie ahnte, was ich da eben gesehen hatte. Dass Wanzen in unserer Wohnung waren, das wussten wir ja, am Tage sah man sie nicht, nur nachts krabbelten sie in die Betten. Aber dass eines dieser Ungeziefertiere so breit auf einer hilflosen Person herumlag, regelrecht festklebte und keiner etwas dagegen tat oder tun konnte, das war schon deprimierend. Ich zog die Bettdecke rasch wieder hoch. Wir verloren kein Wort darüber. Wie harmlos waren dagegen die Kopfläuse, die fast jeder aus unserer Klasse nach dem Krieg hatte.

Die Schmerzen machten unserer Mutter mittlerweile so zu schaffen, dass sie laut stöhnte und jammerte, es hallte über den Hof, die Leute im Haus wussten Bescheid und bemitleideten uns. Der Arzt, der öfter zu uns kam, sagte einmal, Mutter müsste mal eine Hühnersuppe essen, damit sie zu Kräften käme. Er hätte auch sagen können, wir sollten etwas vom Mond holen, so unmöglich kam uns das vor. Wir hatten ja oft nicht mal das Fett für unsere Bratkartoffeln, mussten stattdessen Kaffee, natürlich Muckefuck, nehmen. Beim Hinausgehen murmelte er: „Hier fehlt ein Ernährer."

Ein Ernährer? Meinte er damit einen wie damals Onkel Alfred? Doch der hatte sich ja davongemacht. Unsere jetzigen Nachbarn hingegen, die hatten alle einen Ernährer. Sogar das Fräulein Barnow von nebenan hatte Herrn Henkel aus dem Vorderhaus zu sich geholt, und nun saß der alte Herr rauchend in einem Schaukelstuhl, wie ihn wohl nur reiche Leute besitzen, und schaukelte und schmauchte den lieben langen Tag lang. Ab und an durften wir Mädchen reinkommen, er kicherte mit uns, streichelte uns manchmal, aber er ließ uns kein einziges Mal in den Schaukelstuhl. „Da kippt ihr mir nur hintüber", wehrte er ab. „Lasst nur den Opa, kommt mal wieder", ergänzte Fräulein Barnow, jetzt Frau Henkel, und schob uns zur Tür hinaus.

Über Henkels, im dritten Stock, wohnte Gitta Siebwald mit ihrer Mutter. Wir durften nie mit Gitta spielen, nur mal kurz in die Küche kommen. Frau Siebwald war eine feine Frau mit Dauerwelle, die Küche strahlte vor Helligkeit, lackierte Möbel und ein richtiger Abwaschtisch mit sogar zwei Schüsseln, ein Handtuchhalter mit einem bunt bestickten Vorhang davor. Auch hier war ein Ernährer bald zur Stelle. Herr Siebwald, groß, sauber angezogen, Spätheimkehrer, vor ein paar Wochen zu Frau und Kind zurückgekommen. Die drei Glücklichen zogen bald in eine bessere Gegend, in eine Wohnung mit zwei Stuben.

Schmidts, ganz oben, zwei Kinder mit Vater und Mutter. Der Vater war wohl nie fort gewesen. Jeden Morgen zur gleichen Zeit, noch ehe wir zur Schule gingen, kam er die Treppen runter. Weit weg, irgendwo im Wedding, sollte er eine feine Arbeitsstelle gehabt haben. Seine Familie litt keine Not, die konnten sich bestimmt was auf dem Schwarzmarkt kaufen: Brot, Butter, Süßigkeiten.

Selbst Hanna im Parterre, die dort mit ihrer blinden Mutter lebte, hatte auf ihren Hamsterfahrten einen Mann kennengelernt, der zu ihr zog und für das tägliche Brot sorgen konnte. Aber seine Fürsorge brachte es mit sich, dass in nicht allzu langer Zeit für mehrere Kinder gesorgt werden musste. Die arme Frau, tuschelten die Leute, kriegt eins nach dem andern, und wer weiß, wie oft die schon abgetrieben hat.

Noch ausgiebiger wurde über Ella aus dem ersten Stock im Quergebäude getuschelt, nein nicht getuschelt, es war eher ein Getratsche, das nicht mal hinter vorgehaltener Hand versteckt wurde. War das nicht eine Hure? Sie hatte jedenfalls immer „die Bude voll", Männer, Frauen, Kerle gingen dort ein und aus. Not litt sie nicht: „Was die für einen speckigen Rücken hat!", erzählte uns Mutter, den hätte sie oft eingeseift, sie war ja oft bei ihr unten. Da wurde gequalmt und getrunken, es ging immer hoch her, und Mutter tat, was alle taten, war indes keine Flotte. Ihr Lachen über die erzählten Witze klang verlegen. Ihr Haar war unfrisiert, die Gesichtshaut großporig und fahl, und die Schuhe erst: die reinsten Elbkähne, wo die Ballen rausguckten. Und die Kerle, die da unten verkehrten? Auch nichts für sie, kein Ernährer dabei.

Als sie wieder in ihre Küche zurückgekommen war, wurde sie von uns mit Spannung erwartet. Wir wollten sie was fragen, wussten jedoch nicht so recht, wie wir das anstellen sollten. Freundin Gertrud aus dem Vorderhaus, deren Vater gerade aus russischer Kriegsgefangenschaft heimgekehrt war, hatte mir nämlich sonderbare Dinge erzählt: Ihre Mutter hätte sie zunächst aufgeklärt, wie das mit uns jungen Mädchen so ist, und dabei sei sie auch auf das Eheleben zu sprechen gekommen.

„Und weißt du, was sie da behauptet? Das mit Mann und Frau soll Spaß machen, soll sogar schön sein, soll glücklich machen."

Kopfschüttelnd erwiderte ich, sie habe wohl nicht richtig zugehört.

Wie auch immer, wir überlegten nicht lange und waren uns einig, dass wir so was nicht mit uns machen lassen. Wenn wir denn mal heiraten und unsere Männer in der Hochzeitsnacht das noch nicht verlangen, würden wir sie ganz besonders lieben.
„Und weißt du, in zehn Jahren, wenn wir 22 sind, können wir ja noch mal darüber sprechen."

Und nun, ach was, es ist doch meine Mutti, ich frage sie jetzt einfach:
„Mutti, war das Leben mit Papa schön? In der Nacht, ich meine ..."

Ich hatte meine Frage noch gar nicht zu Ende gebracht, Mutti hatte sich noch gar nicht richtig hingesetzt, und als seien Myokardschaden und Schwächezustand urplötzlich von ihr abgefallen, schrie sie laut und wütend wie eine Furie:

„Ihr Gören, was bildet ihr euch ein, erst fresst ihr mir fast die Haare vom Kopf, und jetzt treibt ihr euch noch sonst wo rum, wo habt ihr denn das her?"

Und schwupp! hatte ich mir eine gewaschene Ohrfeige eingefangen. Aber das war ihr nicht genug, im Nu hatte sie den Schrubber zur Hand und drosch damit auf mich ein. Mich packte ebenfalls die Wut, aus Trotz gab ich jedoch nicht den geringsten Schmerzenslaut von mir, was Mutti nur noch mehr erboste.

Ähnliches spielte sich in einer Wohnung im Vorderhaus ab. Was bei uns allerdings die Ausnahme war, geschah dort mit trauriger Regelmäßigkeit. Frau Glüskow schlug immer mit dem Schlauch vom Gaskocher auf ihre beiden Jungs ein, und die schrien jedes Mal zum Gotterbarm. Alle im Haus wussten es, schafften es aber nicht, dagegen anzugehen. In dieser Wohnung gab's eben auch keinen Ernährer, keinen Heimkehrer.

Bei Breitingers hingegen, auch Bewohner des Vorderhauses, war wieder mal einer heimgekehrt. Frau Breitinger, die gleich nach dem Krieg für uns so schöne Jacken gestrickt und ihrem Jüngsten noch bis zum vierten Lebensjahr die Brust gegeben hatte, lebte jetzt wie die besseren Leute, die ihre Strümpfe schon wegwarfen, wenn erst ein paar Laufmaschen drin waren.

Bei uns im Quergebäude war indes immer noch die Armut zu Hause. Mutti bekam Sozialunterstützung, die Rente hatte sie sich ja vorzeitig auszahlen lassen. Schwesterchen erhielt 30 Mark Halbwaisenrente und ich 30 Mark vom Jugendamt, die waren aber die letzte Zeit ausgeblieben. Ich weiß nicht, ob Mutti oder jemand von den Nachbarn mir geraten hatte, doch mal beim Jugendamt nachzufragen. Der zuständige Beamte schlug mir vor, ich solle doch mal zu meinem leiblichen Vater gehen, der wohne doch gleich um die Ecke, wahrscheinlich würde er wieder mal arbeitslos sein und könne deshalb nicht zahlen.

Mir blieb der Mund offen stehen, so überrascht war ich. Deshalb also mein anderer Name. Nach wie vor behielt Mutti den Grund für sich, lenkte mich wieder ab mit dem Angebot zu einer Reise nach Lauchhammer, in der Schule begannen ja die Sommerferien.

Tante Berta nahm mich freundlich auf, führte mich durchs Haus, durch den Garten und den Hühnerstall, in dem ich mit Vergnügen die Hühner vor mir her scheuchte. Mittlerweile war ich 14, zog die Blicke eines Verehrers auf mich, wurde von ihm zum ersten Mal geküsst. Da ich viele Jahre im Kinderkreis einer evangelischen Kirche verbracht hatte und innig an die Liebe Jesu Christi glaubte, flüsterte ich dem jungen Mann andächtig zu: „Du hast meine Lippen entweiht."

Diese harmlose „Entweihung" sollte jedoch ein Nachspiel haben. Tante Berta schrieb einen langen Brief an Mutti, in dem sie ihre Befürchtung zum Ausdruck brachte, dass der Mann bestimmt „was von mir wollte", mit mir sei ja nicht zu reden gewesen. Daraufhin stellte Mutti mich zur Rede, und ich spürte ihre Sorge, mir könnte es so ergehen wie einst ihr selber. Weinend flehte ich sie an, mir zu glauben und nicht den Worten von Tante Berta, „gestand" ihr meine „Unschuld", die sollte ich ja erst verlieren, wenn ich 17 war. Aber die Erwachsenen hatten damals eben derartige Ängste.

Nun wurde mir doch wichtig, meinen Vater kennenzulernen, und so begab ich mich in die Palisadenstraße: 4. Stock, Vorderhaus, also was Besseres, dachte ich. Die Frau öffnete, betrachtete mich lange, und bevor sie mich eintreten ließ, drehte sie meinen Kopf nach allen Seiten, als sei ich ein Gaul auf dem Pferdemarkt, und rief immer wieder: „Ja, du bist es, ja, du bist es!" Da ihr Mann nicht zu Hause war, sollte ich ein andermal wiederkommen. Sie bewirtete mich noch mit einem Glas Fruchtsaft, dann klingelte noch jemand und lieferte einen großen Block Eis zum Kühlen der Speisen ab. Die sind aber reich, dachte ich, bei uns gibt's zum Durstlöschen nur Muckefuck, und ausnahmsweise mal ein Glas Essigwasser mit Zucker, aber das nur selten, denn „jeder Tropfen Essig kostet drei Tropfen Blut", hieß es.

Ja, und dann lernte ich ihn kennen: einen großen, massigen Mann, der sich an seinen Schreibtisch setzte, auf so etwas wie einen Zettel schaute und davon etwas ablas. Dabei sah er mich, die ich klein danebensaß, nicht ein einziges Mal an.

Er wäre mit meiner Mutter, einer Kellnerin, Silvester 1934/1935 zusammen gewesen und hätte danach nichts mehr von ihr gehört. Erst im Herbst hätte sie sich gemeldet und die Geburt einer Tochter mitgeteilt. Das Datum 8. September habe ihn aber an seiner Vaterschaft zweifeln lassen, denn da wäre ich ja früher geboren, als es nach dem Zusammensein mit meiner Mutter hätte sein können. Eine Untersuchung habe ihn als Vater zwar nicht ausschließen können, er habe auch Alimente gezahlt, aber dass ich sein Kind sei, habe er nie geglaubt.

Ohne ein Wort zu sagen oder auch nur zu fragen, schob ich meinen Hocker weg und rannte zur Tür. Wenn er mich nicht anerkennen will, warum sollte ich da noch bleiben? Und hielt er meine Mutter etwa für eine Rumtreiberin? Ich sauste schon die Treppen hinunter, als die Frau mir zurief, ich solle doch nicht gleich weglaufen.
„So warte doch!"
Aber ich war zu traurig und verärgert, wütend und fühlte mich betrogen, als dass ich darauf hören konnte.

Der Mutter habe ich von dieser Begegnung nichts erzählt. Jeden Versuch einer Andeutung überhörte sie, so groß war wahrscheinlich ihre Scham. Ihr Leben lang hat sie mir gegenüber nichts davon preisgegeben.

Zudem wäre das an diesem Tag ohnehin kein Thema gewesen, weil eine freudige Nachricht viel wichtiger war: Die zuständige

Behörde hatte der kranken Frau Erna Kern die Rente bewilligt. Mutti, schwach und im Bett liegend, richtete sich auf und meinte: „Ob wir jetzt mal ein Lied anstimmen, wie wir es früher gemacht haben?"

Ich stimmte ihr zu und setzte mich sofort ans Bett, dachte gleich an „Jung Siegfried war ein stolzer Knab'" oder „Sah ein Knab' ein Röslein stehen", zu welchem sie mir auch das Singen der zweiten Stimme beigebracht hatte. Dafür hatte ich im Musikunterricht sogar eine Eins bekommen. Dieses Lied stimmte ich nun an, und Mutti summte ein wenig mit, manchmal flüsterte sie ein oder zwei Worte.

Die Rentenfreude hielt jedoch nicht lange an, drei Monate ihres bald endenden Lebens konnte sie sie noch „genießen", bis sie wieder ins Krankenhaus kam. Als ich sie besuchte, kam sie mir seltsam ruhig vor, mit eindringlichen Blicken gab sie mir zu verstehen, dass sie mir etwas sagen wollte. Ich sah aber auch, dass sie das Sprechen ungeheure Kraft kosten würde, und wollte sie beruhigen: „Sei nur still, schlafe!"
Daraufhin raunte sie mir zu: „Du weißt."

Ich war 17, ahnungslos, dass dies ihre letzten Worte sein sollten. Ich hatte gar nicht wahrgenommen, dass ihr Bett in eine kleine Einzelkammer geschoben und ihr Tod offensichtlich erwartet worden war. Erst viel später habe ich in Filmen gesehen, dass Menschen, die die letzten Stunden eines Sterbenden erlebten, sehr genau darauf achteten, dessen letzte Worte wahrzunehmen, ihn sogar zum Sprechen ermunterten, ihm also keineswegs die letzte Anstrengung untersagten. Ich hatte also das letzte Bekenntnis gewissermaßen verhindert, war und bin mir aber sicher, was sie sagen wollte.

Die Trauerrufe und das laute Weinen meiner kleinen Schwester, sie war damals 13, erfüllten den ganzen Hof, als sie mit Tante Lenchen ankam. Die großen Ferien hatten gerade begonnen, die sie bei Verwandten in Lauchhammer verbringen wollte, als sie die Todesnachricht erhielt.

Wir haben uns beide geschworen, immer zusammenzuhalten.

Nun waren wir beide allein in der Wohnung und noch nicht volljährig, ob wir da ins Waisenhaus mussten? Doch Hausbewohnerin Ella aus dem 1. Stock, deren Gesellschaft unsere Mutter öfter gesucht und Zuflucht bei ihr gefunden hatte, wusste Rat. Schon als sie mich mit einem Kopfkissen im Arm über den Hof kommen sah, musste sie nicht lange überlegen. Wer so etwas aus dem Krankenhaus mit nach Hause brachte, dem war gerade einer gestorben. Und spontan ergriff sie die Initiative, die nun für uns entstandene Wohnungssituation zu klären. Sie informierte das Wohnungsamt und betonte die Fähigkeit der älteren Tochter, einen Haushalt führen zu können, und auch als Mieterin werde sie verantwortungsbewusst handeln.

Die Zusage kam schnell und gleichzeitig erreichte mich die Mitteilung, dass mir die Händel-Oberschule eine Wirtschaftsbeihilfe von 100 Mark bewilligte. Ich war die Einzige, die so etwas erhielt, und so konnte ich auch die 23 Mark Wohnungsmiete immer pünktlich bezahlen.

Ellas Lob, ich sei eine gute Hausfrau, sollte sich allerdings nicht so recht bestätigen. Ich denke an einen Gaststättenbesuch mit Freunden, da war ich wohl schon 18. Ich hatte ziemlichen Hunger, aber dennoch keine Bockwurst mit Salat bestellt – es war wohl auch das einzige Gericht, das zu haben war –, weil ich nicht mit Messer und Gabel umgehen konnte. Es gab bei uns zwar Gabeln, aber kein Essbesteck mit einem Messer. Das einzige Messer war Muttis Küchenmesser.

Auch später, da war ich schon Studentin und 19 Jahre alt, erlebte ich eine peinliche Situation bei Tisch. Die Eltern einer Mitstudentin hatten ihr erlaubt, einige Kommilitonen in ihr Sommerhaus einzuladen, darunter eben auch mich. Beim Frühstück in einer Pension gab's nun auch das berühmte Frühstücksei. Das nahm ich aus dem Eierbecher – ein solches Geschirrteil kannte ich nicht – und wollte es wie gewohnt abpellen und in Scheiben schneiden. Aber Pustekuchen! Es war viel zu weich, und ich bekleckerte mich. Dass man das Ei köpft und dann fein säuberlich auslöffelt, wusste ich nicht und war mir völlig neu.

Ob ich nun in der mir zugesprochenen Wohnung den Haushalt gut oder mangelhaft bewältigte, war insofern bedeutungslos, als mittlerweile die Ausschau nach einem „Ernährer" die Oberhand gewann. Was ältere Frauen geschafft hatten, müsste doch für jüngere erst recht zu schaffen sein. Doch der Mann, der in meine Wohnung einziehen würde, sollte auch Freund und Liebhaber sein.

Und siehe da, eher als gedacht, nahm so einer in der Mensa der Humboldt-Universität neben mir Platz, und wir beide schwelgten bald in Zukunftsträumen. Doch die simple Weisheit, dass im Leben alles anders kommt, als man denkt, ereilte auch mich. Und um das durchzustehen, flüchtete ich in die Poesie, das heißt, ich dachte mir ein paar Reime aus und nannte sie „Aus der Jugendzeit".

Aus der Jugendzeit
Noch eh ich konnt sagen: Ich liebe dich,
hielt er mich an zu schweigen.
Ich hab da ein Mädchen, das wartet auf mich,
hatte auch dich lieb gewonnen, verzeih.

Zutiefst getroffen lächle ich ihm zu,
dank für die offenen Worte.
Traurigkeit mich zu umfangen droht,
versteck sie in der Tiefe des Herzens.

Dieser Engel jedoch will sie entfliehen,
schwingt sich empor in die freien Lüfte.
Kehrt hernieder als eine herbsüße Melodie,
die mich mein Lebtag begleitet.

Auch wenn das Leben macht, was es will, muss man es letztendlich immer in die eigene Hand nehmen. Und so gelang es mir, den jungen Rudolf festzuhalten, einen Absolventen der Hochschule für Ökonomie Berlin-Karlshorst. Dass er sein helles Internatszimmer mit meiner dunklen Stube tauschen musste, nahm er gelassen, auch die anderthalb Stockwerke tiefer gelegene Toilette; für die zehn Familien im Quergebäude gab's eben nur zwei.

Wie die meisten „Ernährer" in unserem Haus „versorgte" auch Rudolf mich mit einem Baby. So konnte auch diese Wohnung wieder Heimstatt einer Familie werden. Das war schwieriger als erwartet, denn im Winter hatten wir oft kein Wasser. Nachdem nämlich über und unter uns bald niemand mehr wohnte, froren die Wasserrohre ein. Manchmal konnten wir nicht mal was in den Küchenausguss schütten. Wie ich da das Windelwaschen schaffte, ist mir heute noch ein Rätsel.

Die Stube hingegen, Kinder-, Schlaf- und Wohnzimmer in einem, hätte gerade so für uns drei ausgereicht, aber neuerdings musste sie zusätzlich als Arbeitszimmer herhalten. Rudolf war Assistent an seiner Hochschule geworden und hatte seinen Arbeitsplatz dafür zu Hause einzurichten. Das aber gab die Stube beim besten Willen nicht her. Vielleicht konnte die Wohnungskommission helfen. Sie schickte auch gleich Herrn Rippold zu uns, was mir sehr recht war, hatte er doch als Betreiber eines Bestattungsunternehmens mir zur Beerdigung der Mutter einen ordentlichen Sarg zugesichert, obwohl ich den vollen Preis nicht zahlen konnte.

Doch was tat er heute?

Weit ausholend durchschritt er das Zimmer und entschied, das sei groß genug für drei Personen.

„Aber hier ist doch nicht der geringste Platz für einen Schreibtisch, ich habe es doch mit umfangreichen Dokumenten und Ausarbeitungen zu tun", hielt Rudolf dagegen.

Ich sagte zwar nichts, aber in meinem Innern breitete sich eine stille Wut aus, eine Wut auf die Bewohner der geräumigen Neubauten in der nahe gelegenen Stalinallee, alles Sachsen, die uns Berlinern die Wohnungen wegnahmen.

Hätte ich die Wut herauslassen können, wäre das für mich eine Erleichterung gewesen, aber es hätte uns auch nicht vorangebracht.

Rudolfs Beharrlichkeit schien der bessere Weg zu sein.

Woche für Woche, jeden Dienstag, ging er rüber in die Friedenstraße und brachte dort in der Wohnungskommission unsere Bitte um geeigneten Wohnraum vor.

Friedrichsberger Straße 12

Und tatsächlich, nach einem halben Jahr, im Frühjahr 1957, wurde uns eine Zweizimmerwohnung in einem Lücken-Neubau zugewiesen, die hatte Zentralheizung und Warmwasser, Innentoilette und Bad. Ein Luxus, den ich vorher nie gekannt hatte, an den man sich jedoch schnell gewöhnt. Außerdem war die Wohnung insofern etwas Besonderes, als das Haus genau an der Stelle gebaut wurde, wo die ausgebombte Friedrichsberger 10 gestanden hatte mit einer der Wohnungen meiner Kindheit. Jetzt als Erwachsene bewohnte ich die Friedrichsberger 12.

Tagsüber wurde sie von Rudolf genutzt, hier war sein Arbeitsplatz. Ich, die Studentin, hielt mich meistens in der Bibliothek des Germanistischen Instituts auf, habe diese Stunden genossen, gelesen und gelernt. Unsere Kleine war indes an keinem Tag in der Woche zu Hause. Unerfahren, wie wir waren, hatten wir sie ins Wochenheim gegeben, ich sollte und wollte ja fleißig studieren. Und die Erziehung war ohnehin zum großen Teil Sache des Staates, so jedenfalls verstanden wir die Worte des damals führenden Sowjetpolitikers Nikita Chruschtschow.

Aber schon bald, es brauchte nur wenige Wochen, wurden wir eines Besseren belehrt. Unsere Heike bekam Ernährungsstörungen und musste ins Krankenhaus. Nicht lange danach kam sie wegen einer Lungenentzündung wieder ins Krankenhaus. So begriffen wir sehr schnell, welche Verantwortung man übernimmt und unweigerlich übernehmen muss, wenn man ein Kind in die Welt setzt. Als unsere Oma, Rudolfs Mutter, uns aus dem fernen Neustadt damals besuchte, war sie so erschrocken über das blasse Aussehen unseres Kindes, dass sie um sein Leben fürchtete. Das hat sie uns aber erst viel später erzählt.

Ich beneidete alle jungen Mütter, die eine Oma in der Nähe hatten. Wir mussten eben alles aus eigener Erfahrung lernen.

Ich war jetzt auch oft mit dem Kinderwagen unterwegs, brachte die Kleine in die Tageskrippe, Rudolf holte sie öfter ab.

Eines Tages, in aller Frühe, kam mir Frau Brasto, die Ehefrau meines Vaters, entgegen und blieb direkt neben dem Kinderwagen stehen:

„Ach, Margot, gut, dass ich dich mal treffe, ist das etwa dein Kind?"

„Ja", antwortete ich unwirsch und fügte kurz hinzu: „Ich bin auch verheiratet."

Die sollten bloß nicht denken, ich hätte ein uneheliches Kind.

Ich müsste unbedingt bei ihnen vorbeikommen, bat mich Frau Brasto, Hans würde sich bestimmt freuen. Als sie schon im Weggehen begriffen war, rief sie mir noch zu:

„Und das mit den Kneipen hat sich wohl auch gegeben?"

Ich war schon unterwegs und habe keine Antwort mehr zurückgerufen, wusste aber sofort, was gemeint war.

Und zwar hing das mit den Ereignissen um den 17. Juni 1953 zusammen:

Ich ging die Lebuser Straße, eine Querstraße der Stalinallee, entlang – vielleicht war's am 16. Juni, sodass wir in der Schule noch nichts davon gehört hatten –, da kam mir eine große Menschenmenge entgegen. Ich kam mit den Männern ins Gespräch, war neugierig und lief mit ihnen bis zur nächsten Kneipe in der Fürstenwalder Straße. Da herrschte ein Krach und Getümmel, ich kriegte ein Bier vorgesetzt, noch eins, war an den Gründen für die Demonstration sehr interessiert, fragte dies und jenes und musste dann auf die Toilette.

Da rückte mir doch einer von den Jüngeren auf den Leib, drückte mich an die Wand. Ich nichts wie raus, vorbei an dem Tisch, an dem ich gesessen hatte. Sofort war auch einer von den Älteren zur Stelle, der außer dem jungen Kerl an meiner Seite blieb.

Der Alte stellte den Jungen zur Rede, schimpfte lauthals mit ihm, und beide begleiteten mich bis nach Hause zur Friedrichsberger. Ich konnte mich, des Biertrinkens ungewohnt, gerade so auf den Beinen halten, nahm mit verschleiertem Blick wahr, dass allerhand Leute aus den Fenstern guckten, und rannte so schnell es noch ging ins Haus.

Dieser „Kneipenbesuch" musste meinen Vater zu der Annahme geführt haben, aus mir wäre eine geworden, die sich in Kneipen herumtriebt. Denn, wie ich hinterher erfuhr, war seine Stieftochter Stammgast in dieser Kneipe und hatte mich dort an eben diesem Tag so gut wie besoffen in einer Männerhorde erlebt.

Am nächsten Tag – meine Schule lag direkt an der Stalinallee – hörten wir alle, wie die Panzer durch die Straßen rollten. Nachmittags fuhr keine Straßenbahn mehr, sonst hätte ich mit der 69er ins Krankenhaus Herzberge fahren können, um Mutti zu besuchen.

Der Einladung von Vaters Ehefrau war ich nun doch noch gefolgt, hatte Mann und Kind mitgebracht, und da Rudolf ein Studierter war, stand auch meiner Anerkennung letztendlich nichts mehr im Wege. Vaters Gang in die Friedrichsberger wie auch der unsrige in die Palisadenstraße gehörten seitdem zu unserem Alltag, den wir so gut es ging, gemeinsam bewältigten: wissenschaftliches Arbeiten, Studienjahre, verantwortliche Pflege eines Kleinkindes, Erledigungen im Haushalt und nicht zuletzt Zeit und Muße aufbringen für ein erfülltes Eheleben. Natürlich verlangte dies alles, täglich in aller Frühe aufzustehen, so gegen 6 Uhr.

Dass allerdings um diese Zeit schon jemand an der Wohnungstür klingeln würde, überraschte uns, und wer stand da draußen? Irmchen, meine Schwester.

Damals, gleich nachdem unsere Mutter gestorben war, hatte sie eine Lehrstelle als Verkäuferin im Textilhandel bekommen, „normalerweise" hätte sie höchstens beim Lebensmittelhandel anfangen können, aber als Vollwaise stand ihr dieser Vorteil zu. Den vermochte sie aber auf Dauer nicht zu nutzen, büxte aus dem Lehrlingswohnheim in Berlin-Pankow aus, übernachtete wochenlang auf dem Dachboden verschiedener Häuser und verlor natürlich ihre Lehrstelle.

Wie schon für unsere Mutter und für mich wurde die hilfsbereite Ella aus der Friedrichsberger 4 auch eine Art Anlaufpunkt für Irmchen. Unter den Leuten, die sie nach wie vor um sich herum versammelte, war auch ein junger Mann, der seinen Wohnsitz in Westdeutschland bei den Eltern hatte. Die junge Liebe war groß, und mein Irmchen hatte nichts anderes im Sinn, als ihn zu heiraten und reiste ihm nach. Da hatte sie die Rechnung aber ohne dessen Eltern gemacht, die waren strikt gegen eine Heirat und erlaubten ihr auch nicht, bei ihnen einzuziehen. Zudem war sie nach den damaligen Gesetzen der Bundesrepublik mit 18 noch nicht volljährig.

Monatelang schlug sie sich dann als Putzfrau durchs Leben, bis sie das nicht mehr aushielt, nach Berlin fuhr und nun eben am frühen Morgen in der Friedrichsberger 12 vor der Tür stand.

Mein Mann wusste sofort, was zu tun war, bereitete ein leckeres Frühstück und bat sie an unseren Tisch. Ich machte die beiden miteinander bekannt, Irmchen meldete sich dann bei der Polizei, bekam fürs erste 10 Mark. Es dauerte indes nicht lange, als sie uns in einem Brief mitteilte, sie sei wieder in den Westen gereist, sie gehöre doch zu ihrem Dieter. Die beiden heirateten auch bald, bekamen drei Söhne.

Mit Briefen und Grußkarten blieb unsere Verbindung bestehen, gefestigt durch persönliche Besuche.

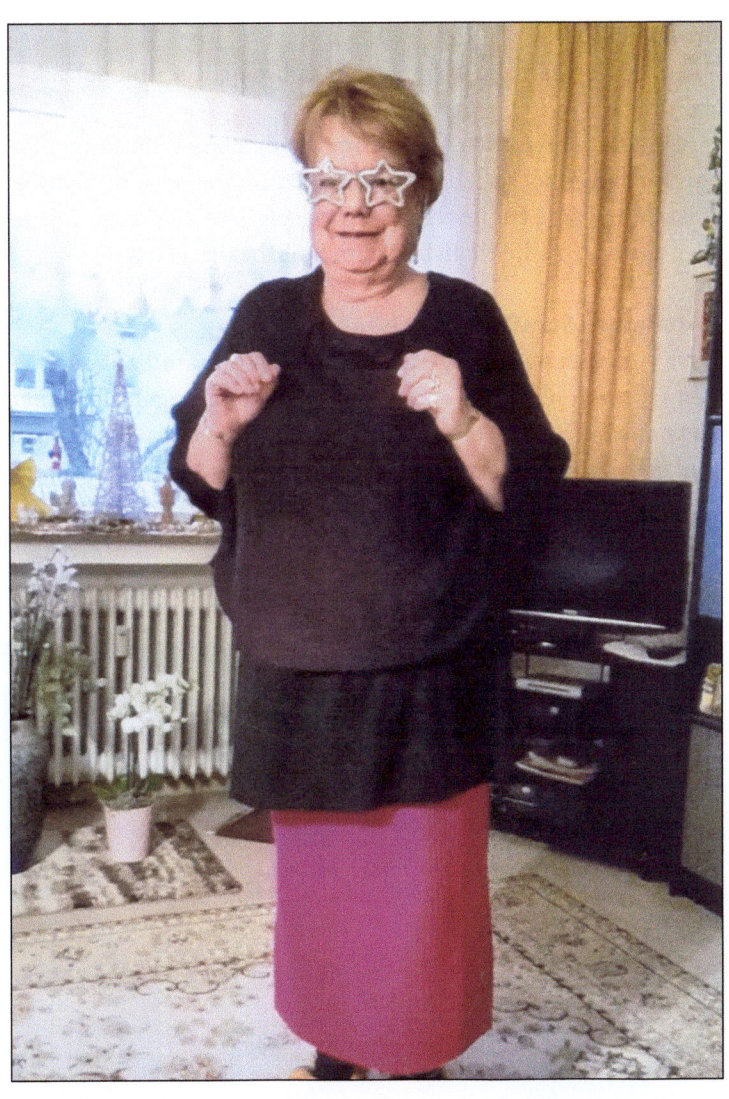

Irmchen, Schwester von Margot. Hier zu sehen auf Margots 85. Geburtstag in Schöneiche, zu dem sie extra aus Mönchengladbach anreiste.

Mollstraße 5

Auch unsere Familie vergrößerte sich, Tochter und Sohn kamen hinzu.

Und da inzwischen überall im Lande neue Wohnungen, ja ganze Häuserblocks gebaut wurden, konnten wir ohne Schwierigkeiten in eine für unsere Familie geeignete Wohnung einziehen, diesmal in die Mollstraße im Stadtbezirk Mitte.

Potsdamer Straße 9 in Schöneiche

Dass wir nach nur wenigen Jahren in ein Einfamilienhaus ziehen würden, wäre uns nicht mal im Traum eingefallen, aber das nahe bei Berlin gelegene Schöneiche hieß uns willkommen und erfreute uns mit sechs Zimmern, einer geräumigen Veranda und einem großen Grundstück. Aufgaben ganz anderer Art erwarteten uns, ein Haus ist eben keine Wohnung. Die geriet erst nach Jahrzehnten wieder ins Blickfeld.

Enkel und Töchter tanzen in der Potsdamer Straße 9 in Schöneiche für Margot zu ihrem siebzigsten Geburtstag den „Zwergentanz", abgeleitet von den Filmen „Die sieben Zwerge" und „Die sieben Zwerge allein zu Haus".

Da hast du über 40 Jahre deines Lebens mit stets wachsender Familie in einem Haus mit großem Garten verbracht, und eines Tages bist du allein in diesem wunderbaren Umfeld. Die Oma lebt nicht mehr, die Kinder sind ausgezogen, haben selbst Kinder. Auch der Ehemann, mit dem du durch Dick und Dünn gegangen bist, musste aus dem Leben scheiden. Dass du dich nicht ganz und gar verlassen fühlst, hast du langjährigen Nachbarn zu verdanken. Dennoch: Die Arbeit nimmt überhand, auch wenn die Familie dich unterstützt, es ist einfach nicht mehr zu schaffen.

Eine Wohnung muss wieder her. Die eine oder andere findet sich, aber hier fehlt ein Balkon, da ist es zum Einkaufen zu weit und ... und ... und. Aber du willst doch in dieser schönen Gegend bleiben. Ein Freund der Familie rät kurz und bündig, in eine Seniorenresidenz zu ziehen. Nach Friedrichshagen? Nein, fast alle Fenster zeigen zur Hauptstraße. Nach Rahnsdorf? Ja, ja, aber ist das nicht zu teuer?

„Aber Mutti, aber Oma", protestieren jetzt alle, „sind Haus und Grundstück nicht d e r Lichtblick für dich? Du verkaufst alles und hast das Geld dafür!"

Fürstenwalder Allee 322

Und schon wandere ich mit Kind und Kegel durch das Gebäude in Rahnsdorf, Frau Brandenburg zeigt uns Café und Sportraum, Theatersaal und Bibliothek und schließlich die großzügige Dreizimmerwohnung, in der auch der Sohn, der in einer Einrichtung für betreutes Wohnen nur ein Zimmer hat, auf einem Schreibtisch seine Malsachen ausbreiten und gelegentlich übernachten kann.

Die Entscheidung fällt leicht, zudem wohne ich weiterhin mitten im Grünen. Und gleich, als ich das erste Mal ins Café gehe, werde ich von einer Bewohnerin, von Frau Gerda Heilmann, persönlich angesprochen, ich bin ihr als Mitglied der Schreibwerkstatt Schöneiche bekannt. So etwas erleichtert es, sich an ein neues Umfeld zu gewöhnen.

Nach wenigen Tagen fällt mir ein, hier draußen könnten mir lieb gewordene Stauden und Sträucher aus unserem ehemaligen Garten einen schönen Platz finden. Meine Vorfreude kennt keine Grenzen, und schon will ich zur Tat schreiten.

„Nein, nein", bremst mich da der Hausmeister, „lassen Sie es sein, die umherstreunenden Wildschweine werden alles, was Sie pflanzen, wieder ausbuddeln und Ihre Arbeit zunichtemachen.

Und tatsächlich, wenn ich nachts zufällig aus dem Fenster schaue, sehe ich, wie die Wildschweinrotte über die Grünflächen wandert, schnurstracks bis zur Straße eilt und genau an der Bushaltestelle stehen bleibt. Später erfuhr ich, dass die Busfahrer es nicht wagen, die Tür zu öffnen, die Tiere würden womöglich einsteigen. Nun ja, die alte Erkenntnis, nichts übereilt zu tun, bewahrheitet sich immer wieder.

Aber da ist ja auch noch der Balkon, auf dem die Blumenkästen viele farbenfrohe Pflanzen erwarten, und zwischen ihnen wäre sogar Platz für ein Vogelhäuschen, das jetzt noch im Garten auf der Wiese steht. Schwiegersohn, schnell entschlossen wie immer, montiert den oberen Teil ab und bringt ihn am Balkon an. Schon am nächsten Morgen, ich sitze am Frühstückstisch, fliegen die Vögel heran, meist Blau- und Kohlmeisen, sogar ein Buntspecht lässt sich blicken, sie holen sich das Futter, setzen sich damit in den nahe stehenden Baum und genießen die Körner. Täglich erfreue ich mich an dem lebendigen Treiben.

Aber auch, wie kann es anders sein, die Schattenseite des Lebens will mal wieder die Oberhand gewinnen.

Frau Lorenz spricht mich an, sie wohnt im Parterre:
„Also, verstehen Sie mich bitte nicht falsch, es ist nicht böse gemeint, aber mein Balkon ist neuerdings so was von verdreckt, meine Tochter hilft mir, ihn sauber zu halten, aber jetzt nimmt die Vogelscheiße überhand."

Und nochmals betont sie, es sei nicht böse gemeint. Böse hingegen reagiert die Mieterin aus der ersten Etage, die direkt unter mir wohnt.

„So kann das nicht weitergehen, Margot, deine Tierliebe in allen Ehren, aber dieser Dreck, diese Scheiße auf meinem Balkon, das ist einfach nicht mehr zu verkraften."

Ich kann das alles zunächst nicht glauben, denn bei mir in der obersten Etage tut sich nichts dergleichen, aber was soll ich machen? Was ist eher zu ertragen: die bunten Vögel nicht mehr aus nächster Nähe erleben zu dürfen oder dem ständigen Groll meiner Mitbewohner ausgesetzt zu sein? Zumal ich ja mit Frau Lauer beim wöchentlichen Kartenspiel bisher immer meinen Spaß hatte.

Klare Entscheidung: Mit den Frauen will ich's mir nicht verderben. Also bitte ich unseren Hausmeister, das Futterhaus abzubauen.

Was sich aber am nächsten Morgen am Balkonfenster abspielt, lässt mich dann doch ganz schön staunen. Eine Blaumeise sitzt am Türgriff und klopft mit dem Schnabel pausenlos dagegen. Woher weiß der Vogel, dass die Frau mit den Körnern dahinter sitzt? Er klopft und klopft ununterbrochen, sind es zehn Minuten, ist es eine halbe Stunde? Mit Gesten will ich ihm klarmachen, dass ich ihm nichts mehr geben werde. Schließlich hält ja auch die Natur Futtermöglichkeiten für ihn bereit, nicht wahr?

Aber meine Weigerung veranlasst die Vogelgruppe zu einem kleinen Rachefeldzug, eine Elster wird delegiert, mich zu bestrafen. Durch ein geöffnetes Fenster fliegt sie plötzlich herein, flattert von Fensterbank zu Fensterbank, wo sie allerhand Unheil anrichtet. Töpfe, Karten, Figuren fallen herunter, und auf dem Teppichboden verteilt sie lauter schwarze „Bohnen", die sie vor Angst, kein offenes Fenster zu finden, nicht bei sich behalten kann. Gleichermaßen aufgeregt, schaffe ich es, ihr einen Flug ins Freie zu ermöglichen.

Jetzt muss ich erst mal abschalten und verlasse die Wohnung, finde Minuten der Entspannung auf der blauen Bank unter der Birkengruppe. Als sich bald darauf Frau Lorenz zu mir setzt, genießen wir ein kleines Plauderstündchen, nicht lange, und wir sind per du, freuen uns, dass wir beide in den nächsten Tagen Geburtstag haben.

„Na dann", ermuntert mich Lotti, „dann komm doch morgen Nachmittag ins Café, ein paar Geburtstagskinder von uns treffen sich dort, komm doch einfach dazu."

Am nächsten Tag, ich ziehe meine schönste Bluse an, begebe ich mich hinunter, sehe die acht Frauen am festlich gedeckten Tisch sitzen und will mich dazugesellen. „Nein", schallt mir eine laute, strenge Stimme entgegen, „hier können Sie nicht Platz nehmen" und ich sehe, dass wirklich kein Stuhl mehr dazwischen passen würde.

Meine freudige Erwartung wandelt sich in peinliche Verlegenheit, bedrückt trete ich den Rückzug an, gehe zu dem langen Tisch am Fenster, an dem wie immer an einem bestimmten Tag in der Woche Hausbewohner bei Kaffee und Kuchen zusammensitzen. Einer, der meine Situation offensichtlich erkannt hat, rückt sogleich zur Seite und prostet mir mit seinem Schnäpschen zu. Eben gerade hatte er wegen dieses Gläschens die lustige Spöttelei „ertragen", mit der seine Tischnachbarn ihn regelmäßig ein bisschen ärgerten. Ich aber lache darüber, bestelle mir einen Kirschlikör und stoße mit ihm an. Die Situation ist gerettet, und ich kann unbeschwert an den lockeren Gesprächen der Runde teilnehmen.

Dass dieser Tag für mich ein so überraschend fröhliches Ende nahm, bewegte mich noch lange, und dafür wollte ich Werner noch einmal einen besonderen Dank aussprechen. Und was musste ich hören? Er lebt nicht mehr. Dieser fröhliche Mensch soll nicht mehr unter uns? Ich bin erschüttert und fasse einen festen Vorsatz:

Nichts mehr auf die lange Bank schieben, in unserem Alter sollte man mit dem, was man an wichtigen Dingen vorhat, nicht zu lange warten. Der Rat des Hausmeisters, nichts übereilt zu tun, muss ja deswegen nicht gleich über Bord geworfen werden.

Für heute ist Fasching angesagt, bin zum ersten Mal dabei, ob ich mich verkleide? Ja! Ich nehme ein großes, weißes Tuch, breite es über beide Arme und warte, bis die Musik erklingt. Locker mit den Armen wedelnd schreite ich an den bereits besetzten Tischen vorbei, bis ich an Frau Irmgard gerate.

„Was soll denn das bedeuten?", ruft sie mir entgegen.

Mit dem Versuch eines fröhlichen Lachens erkläre ich ihr, dass ich doch von Tisch zu Tisch geflogen bin: „Ich bin ein Engel."

„Dafür sind Sie viel zu dick!", schallt ihre lautstarke Stimme durch den Raum.

Und ich, auf meine „Flügel" weisend, schwebe rasch zu dem mir zugedachten Platz. So ein Schandmaul, denke ich, stelle aber schon nach kurzer Zeit fest, dass auch ihr Herz auf dem rechten Fleck sitzt, dass sie zu den Bewohnern zählt, die in vieler Hinsicht ein Herz für die Gemeinschaft haben.

Leo Bansen, Initiator der Wandergruppe, ist auch so einer. Ich will mich seinem Trupp anschließen, habe ja mehrere Jahre bei den ND-Wanderungen mitgemacht, merke aber bald, dass ich doch nicht mehr so fit bin und es sein lassen sollte.

Als es dann wieder losgeht, packt mich doch der Teufel. Ach, bis zur Dorfkirche in Rahnsdorf, dann ein Stück mit der Fähre, das schaffst du schon noch, rede ich mir gut zu. Wir sind dann

schon mitten auf dem Weg zur Konditorei Gerch, wo eine wohl-
schmeckende Stärkung auf uns wartet, da knickt mir doch ein
Bein weg, sodass ich keinen Schritt mehr vorankomme. Glückli-
cherweise hat Ev ihr Handy dabei und auch die Nummer des Wür-
feltaxis. Ich werde prompt abgeholt und zur Residenz gefahren.

In meinem bequemen Sessel komme ich zur Ruhe, greife nach
dem Büchlein mit den vielen Weisheiten über die Gelassenheit,
das ist jetzt genau das Passende für mich. Es liegt etwas weiter
hinten auf dem Tisch, und ich muss mich weit strecken, halb
zur Seite, halb nach vorn, um es fassen zu können. Plötzlich
durchfährt mich ein Schmerz, schlimmer als der unterwegs.
Ich schaffe es nicht, zum drei Meter entfernten Telefon zu gehen und um Hilfe zu bitten. Als dann zum Abend hin eine Pfle-
gekraft kommt, die mir regelmäßig beim Aus- und Anziehen
der Kompressionsstrümpfe hilft, gibt es nur eins: Ab ins Krankenhaus! Dort werde ich umgehend operiert, mein künstliches
Hüftgelenk, vor Jahrzehnten eingesetzt, war herausgesprungen.
Anschließend komme ich in die Reha nach Schöneiche.

Goethestraße 11/13, Theresienheim Schöneiche[1]

Ich ziehe ein ins Theresienheim

Schwere Krankenhauswochen waren vorbei,
da wird im Theresienheim ein Zimmer frei.

Damit sich davonmacht mein Schwächezustand,
waren helfende Dinge sehr schnell zur Hand.

Drei Wochen dauerte diese Pause,
ich freute mich schon auf mein Zuhause.

Doch wer mein Leben auch immer lenkt,
es kommt eben anders, als man denkt.

Die Töchter, die schrieben mir einen Brief,
wär's nicht besser, Mutti, wenn im Heim du bliebst?

Du kannst wieder essen, kannst wieder lachen,
viel lebensfördernde Sachen machen.

Sie haben zwar recht, doch mir kommen die Tränen,
nach geräumiger Wohnung an nur ein Zimmer gewöhnen?

---

1 Weitere Gedanken darüber, wie die Ordensschwestern mir im Theresienheim geholfen haben Trost zu finden, sind nachzulesen im Kapitel „Tröstende Hände".

Da kam Frau Ulrike und tröstete mich,
mich weinen sehen, das wollte sie nicht.

Schwestern haben mich dann an die Hand genommen,
ein wunderschöner Garten hieß mich auch willkommen.

Und als es ging zum Mittagstisch,
da brauchte ich keinen mehr und nichts.

Was mich davon abhielt zu bleiben.

Und doch gab's noch etwas, das fällt mir jetzt ein,
die O r d e n s s c h w e s t e r n laden zum B i e r t r u n k mich
ein.

Wo ernsthafter Glaube solchen Spaß zulässt,
dort werde ich bleiben, steht endgültig fest.

Endgültig? In einer Einrichtung, wo Ordensschwestern das Sagen haben, da will ich bleiben? Ist wohl ein Zufall.
Wirklich? Ist wohl doch kein Zufall!

Die Mitarbeiterin Ulrike „zwingt" Frau Gerisch zum Tanzen. Beim Tanzen sollte sie Trost finden.

Vor 20 Jahren nämlich, anlässlich meines 65. Geburtstages, schrieb mein Sohn Steffen mir einiges auf, darunter auch etwas zum Thema Kirche/Bibel:

Eine weise Frau hätte mir vorausgesagt, so nahm er mich beim Wort, ich würde im Alter wieder zur Kirche zurückfinden, und er schrieb weiter: „Es fing schon vor Jahren an, allmählich sang Mutti am Küchentisch christliche Lieder, alle sollten mitsingen. Manch einer rümpfte die Nase. Doch schon nach wenigen Jahren sangen auch wir. Mutti initiierte und setzte den regelmäßigen Christmettebesuch durch, wo ich nun mit den Eltern alljährlich hingehe, meistens in die Schlosskirche Schöneiche oder in die Christophorus-Kirche Friedrichshagen. Sogar Antjes Familie geht jetzt in die Christmette."

Entscheidende Erlebnisse in der Kirche liegen jedoch sehr viel weiter zurück, reichen bis in die Kindheit. Als es unserer kranken Mutter so schlecht ging, fand ich Trost und Ablenkung im Kinderkreis und in den Kindergottesdiensten der Auferstehungsgemeinde in Berlin-Friedrichshain. Da das Kirchengebäude im Krieg zerstört worden war, fanden unsere Zusammenkünfte in der Kapelle des benachbarten Friedhofs statt. Dort ließ ich mich als Zwölfjährige taufen. Die Leiterin des Kinderkreises wurde meine Patentante, schenkte mir eine Blockflöte, die damals 12 Mark kostete. So konnte ich bald in der kleinen Flötengruppe mitspielen. Einmal, zur Weihnachtszeit, durfte ich sogar, als Engel verkleidet, das Lied „Vom Himmel hoch da komm ich her" singen und hatte nicht mal Lampenfieber. Von der Pfarrersfrau bekam ich für längere Zeit eine Gitarre ausgeliehen, sodass ich uns damit beim Singen begleiten konnte.

In guter Erinnerung habe ich auch unsere Freizeiten, etwa die zu Ostern in Lobetal, wo wir in aller Frühe ins Freie zogen und erst nach Sonnenaufgang sprechen durften. Mehrmals ging es auch nach Heiligengrabe, in deren Einrichtung meine Patentante als Diakonisse eingetreten war. Wir Kinder bekamen aus dem dortigen Waisenhaus Patenkinder zugeteilt, mit denen wir einen regen Briefwechsel führten.

So „vorbereitet", bin ich nun in der letzten Wohnstätte meines Lebens angekommen, wohlversorgt und fürsorglich gepflegt. Allein in meinem Zimmer, nutze ich die Zeit erst einmal zum Nachdenken über mich, über mein künftiges Dasein im letzten Lebensabschnitt:

Will ich die Jahre, die mir bleiben, genießen, oder will ich noch etwas erreichen?

Pfarrerin Schumann, hier im katholischen Alten- und Pflegeheim für das Evangelische zuständig, findet für Fragen dieser Art immer die rechten Worte, erinnert mich dabei an einen Pfarrer, den ich vor einigen Jahren in der Oberlink-Rehaklinik Bad Belzig erlebt hatte:

Nicht mehr jung, aber mit dem Schick einer jugendlich zum Pferdeschwanz gebundenen Frisur und dem Können eines geübten Pfarrers, nein, dem Charme eines erfolgreichen Entertainers. Wenn er im Glockenstübchen z. B. Geschichten aus Schilda vortrug, gab er gleichzeitig seine Ansichten über Dummheit und Humor zum Besten. Er las nicht nur etwas vor, sondern führte mit uns lustige, nachhaltige Gespräche.

Ja, ich will noch etwas erreichen, aber was genau?
Nein, die Frage muss anders lauten, nein, die Fragen müssen anders lauten.

- Warum bin ich keine Leseratte mehr?
- Was ist aus meiner Lust am Schreiben geworden?
- Warum ist das Raten von Kreuzworträtseln tagelang meine Hauptbeschäftigung?
- Warum schiebe ich lange geplante Schreibideen vor mir her?
- Warum bleibe ich auf halbem Wege stehen?
- Und schon stehe ich in Gedanken im Naturpark Hoher Fläming vor dem Gedenkstein für Regine Hildebrandt.

„Halber Einsatz, Nein,
das ist kein Leben"

Aber: Ist das Leben, auch wenn ich mich im letzten Abschnitt befinde, nicht eine vielschichtig verzweigte Angelegenheit?
Du musst und willst doch

- Familienbande schätzen
- Freundschaften und Geselligkeit pflegen
- Krankheiten bekämpfen, aber auch ertragen
- an die Liebe glauben
- mit Schicksalsschlägen fertig werden
- Misserfolge verkraften
- die eigenen Grenzen erkennen, sie akzeptieren

- Anteil nehmen am Leben deiner Mitmenschen
- sich über eigene Fähigkeiten freuen
- Fragen stellen und Fragen anderer ernst nehmen
- Hilfsbereit sein

Alles Themen, Gedanken, Ansichten, die nichts mehr mit dem Anliegen dieser Erzählung über WOHNUNGEN zu tun haben …

DOCH

Denn ICH und WIR

Mit allem, was wir tun, denken, fühlen
WOHNTEN und WOHNEN darin.

TRÖSTENDE HÄNDE

Von einem Tag auf den anderen erhält sie die Kündigung.
Sie darf nicht mutlos werden, nicht klagen, stürzt sich in Aktivitäten.
Sie meldet sich im Fitnessstudio an, trainiert dreimal in der Woche. Sport baut Selbstvertrauen auf. Sie hilft der Tochter beim Austragen des Ortsblattes, dabei kommt es mit dem einen oder anderen zu einer kurzweiligen Plauderei. Gespräche sind das täglich Brot für die Seele. Und als die Seniorenheime von Schöneiche zu ehrenamtlicher Mitarbeit aufrufen, ist sie auch dort zur Stelle, meldet sich bei der Oberin des Theresienheimes.

Sie trifft auf eine große, schlanke, etwa gleichaltrige Frau mit ausgeglichenen Gesichtszügen. Ihr Tonfall lässt eine Saarländerin vermuten, ihre Worte klingen wie die einer guten Nachbarin.
Warum nur hat sie diese Lebensart gewählt?

Schwester Veronika antwortet, noch ehe Frau Carola ihre Frage in die rechten Worte zu fassen weiß:

„Sehen Sie, Ordensschwester wird man nicht aus einem bloßen Gefühl heraus. Wenn junge Frauen sich berufen fühlen, haben sie bis zu neun Jahren Zeit, bevor sie sich endgültig für das Leben in der schwesterlichen Gemeinschaft entscheiden müssen. Ganz im Sinne des Heiligen Franz von Assisi ist der Orden der Franziskanerinnen ein tätiger Orden, der den Dienst an Gott als Dienst am Menschen lebt.

Mittlerweile finden Sie uns auf allen Kontinenten, Not gibt es ja allenthalben. Wir sind, wenn Sie so wollen, Sozialarbeiterinnen, wir sind in der Erziehung tätig und im Unterricht, wir pflegen Alte und Kranke, arbeiten mit Behinderten, helfen, wo wir irgend können.

Und das alles geht nur, wenn wir uns im Leben auskennen, wenn wir die Menschen aus ihrer jeweiligen Situation heraus verstehen."

Frau Carola hat eine flüchtige Ahnung von der Religion und meinte bisher, dass ein gottgeweihtes Leben Askese und Weltabgewandtheit verlangt, aber dass für eine Ordensfrau, wie sie es hier erlebt, Weltkenntnis nahezu zwingend erforderlich ist, das überrascht sie dann doch. Schwester Veronika wird ihr vertraut.

Es klopft an der Tür, junge Leute schauen herein, wollen sich erkundigen.

„Ich habe jetzt ein Gespräch", unterbricht die Oberin schroff, „melden Sie sich bitte an."

„Wissen Sie", Schwester Veronika wendet sich ihrem Gegenüber zu „Nein zu sagen, fällt mir schwer, aber ich muss auch das können. Es ist uns eben nicht möglich, alle aufzunehmen, die zu uns wollen."

Dabei ist sie froh, dass seit 1996, als der Erweiterungsbau fertiggestellt war, statt 18 jetzt 45 Bewohner aufgenommen werden können. Aus der einstigen 1927 errichteten Erholungsstätte für die Schwestern des Franziskanerinnen-Ordens ist ein begehrtes Heim für alte und pflegebedürftige Menschen geworden.

Wieder klopft jemand, eine Mitarbeiterin verlangt nach der Oberin.

So bleibt Frau Carola ein paar Minuten allein im Büro. Sie blättert in den ausliegenden Heften und ist wiederum verwundert über die jugendliche Armut der darin abgebildeten Gründerin des Ordens der Franziskanerinnen.

Nonne wird jemand, den das Leben bitter enttäuscht hat, so hatte sie bisher angenommen. Aber dieses Mädchen war einzig und allein erfüllt von dem Gedanken, ihr ganzes Dasein der Hilfe von Armen und Kranken zu widmen, obwohl sie dafür keine Mittel hatte, nur einen unerschütterlichen Glauben an ihre Berufung, darin ganz ähnlich ihrem Vorbild Franz von Assisi, der seinerzeit die urchristliche Armut gepredigt und gelebt hatte.

Wäre die Kapelle von Assisi nach einem zerstörenden Erdbeben vor ein paar Jahren nicht ins Gespräch gekommen, Frau Carola hätte wohl kaum etwas vom heiligen Franziskus gewusst.

Mutter Teresa hingegen, deren Abbild an der Wand gegenüber hängt, ist ihr ein Begriff. Sie liest in einem neben dem Bildnis abgedruckten Gebet der frommen Frau, dass die Liebe Gottes sich durch die Hand des Menschen verwirklicht, dass dazu

„hilfreiche Hände, die fraglos zupacken,
tröstende Hände, die Tränen trocknen,
fleißige Hände, die sich nicht vor Aufgaben scheuen"

gebraucht werden.

Ja, zupacken will Frau Carola, sie scheut nicht nur keine Aufgabe, nein, sie sucht sie, sie braucht sie regelrecht.

Schwester Veronika ist zurückgekommen, stellt sich neben Frau Carola und liest laut aus den Gebeten.

„Wissen Sie", sagt sie, „ich habe sehr viel zu arbeiten, komme einfach nicht genug zum Beten, das macht mir Kummer."

„Ist denn die Arbeit nicht wichtiger?", wird sie gefragt.

„Nun ja, also es ist so", antwortet die Oberin nachdenklich, „ich muss unseren Bewohnern, die mehr oder weniger leidend und gebrechlich sind, manche können sich nur mühsam bewegen oder gar nicht, ihnen muss ich täglich Mut zusprechen, fröhlich mit ihnen sein, will ihnen Kraft geben. Und auch meine Mitarbeiter brauchen Zuspruch, ich muss sie stärken in ihrer Arbeit, die ihnen körperlich und seelisch viel abverlangt. Und Sie wissen ja selbst, man kann nur geben, was man hat. Ich kann Kraft nur geben, wenn ich selber Kraft habe, und sehen Sie, die bekomme ich im Gebet, vor allem im gemeinsamen Beten. Vielleicht verstehen Sie meinen Kummer jetzt ein wenig?"

Aber, so fügt sie wie entschuldigend hinzu, sie wolle ihre Besucherin nicht mit Religion überfrachten, und im Übrigen müsse auch kein Bewohner oder Mitarbeiter konfessionell gebunden sein.

Damit führt sie ihren Gast an den kleinen runden Tisch, sie sitzen einander gegenüber. Die Oberin schaut auf die junge Frau: Kurzer Haarschnitt, schlank, sportlich. Ob sie auch mit Gebrechlichen, Hilfsbedürftigen umgehen kann?

Diese meint, es zu können.

Hatte sie doch bereits in jungen Jahren behinderte Kinder und Jugendliche im Ferienlager betreut, alljährlich hatte der Betrieb ihr dafür frei gegeben.

Später, in ihrer Ehe mit einem Erblindeten, hatte sie sich mit Selbstverständlichkeit den Aufgaben des gemeinsamen Lebens gestellt. Und jetzt, da die Mutter schwer erkrankt ist, steht sie ihr helfend zur Seite.

Sie weiß also, wie wichtig Zuwendung für den Kranken und Pflegebedürftigen ist, wie sehr man sich auf ihn einlassen muss, um die richtigen helfenden Worte zu finden.

Den Anforderungen dieses Ehrenamtes wird sie gewachsen sein.

DER POSSENREISSER

Der Possenreißer ist noch jung, er weiß nicht, dass er ein Possenreißer ist. Dass die Leute über ihn lachen, hat erst mal gar nichts mit dem womöglich in ihm schlummernden Talent zu tun.

Er kommt mit seinen Altersgenossen, eben konfirmiert, aus der Kirche des Städtchens, und schon zeigen die umstehenden, schaulustigen Frauen mit Fingern auf ihn:

„Ach, seht doch mal den Kleenen, der ist ooch schon vierzehn!"

Und sie lachen, was das Zeug hält. Dabei will Rudolf seinen kostbaren dunkelblauen Konfirmationsanzug zur Schau stellen, die Eltern hatten ihn – schwer genug in der kargen Nachkriegszeit – extra maßanfertigen lassen, weil für ihn, den Kleinen, keine Konfektionsware zu haben war.

„Aber", sagt eine andere Frau, „der kann was, der hat doch neulich im Schützenhaus bei der Aufführung von „Hänsel und Gretel" ganz toll die Hexe gespielt, das stand sogar in der Zeitung!"

Und „der Kleene" hat noch mehr vorzuweisen. Ehe es ihm bewusst wird, vermag er Einfluss auf andere auszuüben, zum Beispiel, als er einem Aufruf zum Dirigentenwettstreit folgt: Arme, Kopf, ja, der ganze Körper und nicht zuletzt die Augen setzen sich in Bewegung und aktivieren die, die da vor ihm stehen oder sitzen. Er gewinnt und bringt Preise nach Hause: Butterstücke, Brot fürs Festessen daheim, er muss nicht mehr Käse und Butter aus der Molkerei stibitzen.

Auch im Tanzsaal gelingt es ihm, den Beifall des Publikums herauszufordern, wenn er als einer der besten Tänzer im Ort mit

Anita über die Tanzfläche fegt. Aber das Herz der Partnerin vermag er nicht zu gewinnen. Er erkennt sehr schnell, die Mädchen himmeln die Hochgewachsenen an, und ihm, dem Kleinsten im Saal, erlauben sie nur wegen seiner Tanzkünste gelegentlich einen Tanz mit ihnen.

Die Herzen hingegen fliegen dem ansehnlichen Heinz zu, groß, schlank, charmant, gesprächig. Der Kleine und der Große verstehen sich indes gut, schließen Freundschaft. Der eine arbeitet in der Fabrik des Vaters, stellt kleine Geräte zum Zigarettendrehen her, der andere ist inzwischen Hilfsarbeiter bei Bennewitz im Obergraben, wo er als Blumendrahtspinner ein bisschen Geld verdient. Wenn er später erzählen wird, seine erste Arbeitsstelle sei die eines Spinners gewesen, wird er wieder die Lacher auf seiner Seite haben.

Aber vorerst gibt's kaum was zu lachen. Nachdem er Kisten gepackt und sie bei eiskaltem Winterwetter zum Neustädter Bahnhof geschafft hat, muss er sehen, wo man sich aufwärmen kann. Der Drogistenlehrling Gerhard kommt ihm zu Hilfe, der Eisenofen in der Drogerie spendet wohltuende Wärme.

So wird Gerhard, wie Heinz auch ein aus dem Sudetengau Vertriebener, bald der Dritte im Bunde. Schließlich gesellt sich noch Josef, ebenfalls aus dem Sudetengau, dazu, der mit der Herstellung von Strickwaren der erfolgreiche Geschäftsmann unter ihnen wird. Sie machen eine alte Bude in einem Hinterhof ausfindig, treffen sich dort regelmäßig, meistens montags, geben sich den Namen Montags-Club, unter dem sie sich noch jahrzehntelang treffen werden, unabhängig von ihren jeweiligen Wohnorten.

Dem Drogistenlehrling kann der kleine Rudolf übrigens die Hand reichen, ist dieser doch nicht viel größer als er, aber im Gegensatz zu ihm strotzend vor Selbstbewusstsein. Alles, was er sagt, klingt wichtig, er spricht langsam und laut, artikuliert deutlich. Wenn er fotografiert wird, reckt er sich in die Höhe, stellt sich auf die Zehenspitzen. Auf den Treffen im Montags-Club gibt er sein Wissen zum Besten, vermittelt es den anderen, zitiert Goethes „Osterspaziergang" mit Inbrunst.

Die vier Männer Heinz Riedel, Gerhard Hohlfeld, Rudolf Gerisch und Josef Richter treffen sich regelmäßig im Montags-Club, den sie in jungen Jahren ins Leben gerufen hatten.

Sein bester Freund Gerhard aus dem Montags-Club will das Selbstbewusstsein von Rudi steigern. „Weißt du", rät er Rudolf, „du musst Fremdwörter erlernen und sie ins Gespräch einfließen lassen, du musst Bildung zeigen."

Rudolf jedoch weiß nicht einmal, dass es Fremdwörterbücher gibt. Er muss von seinem Vorgesetzten sogar einen schweren Rüffel einstecken, weil er nicht weiß, wie man bestimmte Straßennamen schreibt.

Inzwischen muss er die Kisten nämlich nicht mehr zum Bahnhof schleppen, sondern sitzt im Büro und hat sie zu beschriften, richtet sich dabei gewissenhaft nach dem, was ihm diktiert wird. Und so geschieht es, dass er eines der Pakete nach Sebnitz in die Dreckstraße adressiert.

„Ja, wissen Sie denn nicht, wie man Drake schreibt, haben Sie denn in der Schule kein Englisch gehabt oder wenigstens Geschichte? Doch abgesehen davon, als junger Mann müssten Sie doch wissen, wer Sir Francis Drake war, der schon vor vierhundert Jahren die Welt umsegelt hatte, ein Seeheld, den kennt man doch!"

In solchen Situationen wird Rudolf von seinen Kollegen getröstet. Zudem bestärkt ihn der freundliche, dicke Herr Zeidler, ausgewiesener Facharbeiter in der Blumendrahtspinnerei, in seinen noch vagen Plänen, in der Gewerkschaft aktiv zu werden.

„Da lernst du, über den Tellerrand zu schauen, kannst besser beurteilen, was hier im Obergraben bei Bennewitz so los ist. In dir steckt mehr, als du in dem kleinen Büro zeigen kannst. Lass dich nicht unterkriegen!"

Und siehe da, der kleine Rudolf wächst heran, wird bis zu seinem 20. Lebensjahr noch um einen Kopf größer. Die Gewerkschafter erkennen die in ihm schlummernden Fähigkeiten, wollen sein Selbstbewusstsein aufbauen und informieren ihn über eine neuartige Bildungseinrichtung, in der Zwanzigjährige das lernen können, was Kindern wohlhabender Eltern schon in jungen Jahren im Gymnasium vermittelt wird. (Rudolfs Mutter, als ungelernte Küchenhilfe tätig, und der Vater, ein kleiner Beamter, der auf dem Neustädter Bahnhof mit erhobener Kelle für die pünktliche Abfahrt der Züge gesorgt hatte, sie hätten dafür keine Mittel aufbringen können.) Die Rede ist von einer Arbeiter-und-Bauern-Fakultät, die demnächst, im Herbst 1949, in Dresden ins Leben gerufen werden soll. Rudolf freut sich über die Empfehlung und verlässt in froher Erwartung sein Heimatstädtchen.

Hier in Dresden, unter Gleichaltrigen mit gemeinsamen Interessen, kann sich Rudolfs Natur von der lockeren Seite zeigen. Gesellig und aufgeschlossen, wissensdurstig, voller Neugierde, mitteilsam, nicht ohne Humor, überkommt ihn immer öfter die Lust, seine Mitschüler zum Lachen zu bringen, der Spaßvogel in ihm erwacht. Er hat ein scharfes Auge für die Dinge, die der Alltag so mit sich bringt und platziert seine Beobachtungen an der Wandzeitung.

Da beschreibt er zum Beispiel, was sich so alles vor einer Toilette abspielen kann: Ein Lehrer steht wartend davor, tritt schließlich von einem Bein aufs andere und ruft lauthals heraus: „Wie lange brauchst du denn da drinne noch? Mach mal hinne! Ich kann mir's doch nicht durch die Rippen schwitzen."

Die ABFler stehen amüsiert vor der Wandzeitung.

Rudolf weiß aber auch revolutionären Geist zu versprühen, trägt, obwohl nicht Mitglied der SED, in den Parteiversammlungen leidenschaftlich Gedichte von Majakowski oder Erich Weinert vor, wird sogar mehrmals zum Vortragen gebeten.

Er ist froh über diese Anerkennung, will sich weiterhin engagieren und dazugehören.
    Indes, nicht alle gönnen ihm den Erfolg. Die von ihrer vermeintlich parteilichen Konsequenz besessene, linientreue Jutta findet die Aktivitäten des Beamtensohnes suspekt:

„Der bläst sich doch bloß auf, will seine Herkunft überspielen. Diese kleinbürgerlichen Elemente, diese Unentschlossenen, Wankelmütigen, die sind doch schlimmer als der Klassenfeind, der sich wenigstens offen zu erkennen gibt."

Weniger demütigend, eher väterlich gütig, neigt sich Günther Wirth ihm zu:
    „Rudolf, du bist noch nicht bei uns angekommen."
    Noch heute, nach Jahrzehnten, wenn die beiden sich treffen, spielt dieser Ausspruch eine Rolle, eine Erinnerung an die damals beginnende Gemeinsamkeit und Freundschaft.

Trost geben ihm die Worte von Frau Richter, der jungen Biologielehrerin:

„Verurteilt ihn doch nicht wegen seiner Talente, seiner Vortragskunst, er ist uns damit doch von großem Nutzen, lasst ihn das doch machen. Geselligkeit, Heiterkeit, Lachen, auch über uns selbst, das steht uns doch wohl an."
Sie ist es auch, die Rudolf gestattet, seinen Freund Gerhard einmal zum Unterricht mitzubringen, und der ist von dem Niveau so angetan, dass er Rudolf überschwänglich zu seinem Entschluss, sich an der ABF zu bilden, gratuliert.

Die junge Lehrerin mag deshalb so verständnisvoll sein, weil man auch ihrem Vater, einem Deutschlehrer, Geduld entgegengebracht hatte. Gleich in seiner ersten Unterrichtsstunde an der jungen ABF hatte er die Schüler mit „Heil Hitler" begrüßt. Ruhig war daraufhin Alfred Völkel mit den Worten zu ihm nach vorn gegangen:

„Das macht man doch nicht, diese Zeiten sind vorbei."

Da er überzeugend und lebendig unterrichtete, ließ man es dabei bewenden.

In diesen bewegten Zeiten der Neugestaltung hatten also nicht nur Leute vom Schlage der beflissenen Jutta das Sagen.

Rudolf nun, gewissenhaft wie der Vater, fleißig und unermüdlich wie die Mutter, versucht sich im Wirrwarr der auf ihn einwirkenden Urteile zu behaupten. Den gerade aus ihm herausgetretenen Spaßvogel, den talentierten Possenreißer zähmt er ein wenig, bemüht all seinen Eifer, den Makel seiner Herkunft zu mildern.
Er lernt und lernt, liest Bücher, mehr als im Lehrstoff vorgegeben, versieht sie mit Randnotizen, unterstreicht ihm wichtige Textstellen auch in belletristischen Werken, eine Gewohnheit, die er auch später beim Leben ohne Lernzwang beibehalten wird.

Als regelrechte Anleitung für sein persönliches Leben verarbeitet er Werke der Sowjetliteratur wie den Roman „Der Mut"*
von Wera Ketlinskaja, natürlich Ostrowskis „Wie der Stahl gehärtet wurde" und weiß jetzt, wie der neue Mensch sein muss.
Mit drei, vier Zuschauern sitzt er gebannt im Kino, verinnerlicht das klassenbewusste, selbstlose Verhalten des Helden aus
dem Film „Der Kommunist".

Ein neuer Mensch, ja, das will auch er werden!

* Siehe Anhang

Wera Ketlinskaja „Der Mut", Buchgemeinschaft der Freien Deutschen Jugend im Verlag Neues Leben Berlin 1961.

Mitten im Alltag des Sachsenlandes lebend, geht ihm jedoch auf,
dass die Schulung des Klassenbewusstseins nicht notgedrungen mit der Zähmung des Possenreißers einhergehen muss. Im
Gegenteil, bei den jungen Mitstreitern, allesamt diszipliniert
und fleißig, ist auch das Bedürfnis nach Unterhaltung und Spaß
recht ausgeprägt. Rudolfs Spottlust ist gefragt, sie kann sich,
allen Widerständen zum Trotz, austoben.

So gerät in seinen Texten manches Alltagsereignis des Internats- und Studienlebens auf die Schippe der Ironie, ebenso werden aktuelle Sprüche der Lehrer aufs Korn genommen. Und diese wiederum entdecken selbst ihre Freude daran und steuern
eigene Ideen zu den Veranstaltungen bei, die meist im großen
Saal stattfinden.

Besonders Griechisch-Lehrer Kotte, dem die Schüler mit gespanntem Interesse zuhören, wenn er ihnen die Geschichte der
ihnen bisher völlig unbekannten alten Griechen nahebringt, dieser Lehrer regt den Possenreißer und seine Mitstreiter an, sich
als Mitglieder eines griechischen Chors zu verkleiden, ihre Tex-

te würden, derart verfremdet, größere Wirkung erreichen. Sofort hüllen sich die zehn Darsteller in weiße Laken, tragen ihre spöttischen Gesänge vor, und tatsächlich gelingt ihnen damit eine der erfolgreichsten Szenen ihrer Programme. Noch heute, nach Jahrzehnten, wird auf den Zusammenkünften einstiger ABF-Studenten davon geschwärmt.

Initiator Rudolf gewinnt immer mehr Selbstvertrauen, wird 1951 in die Partei aufgenommen und erreicht mit allen anderen das Abitur.

Was nun?

Für die erfolgreichen Absolventen, fast alle aus Arbeiterfamilien stammend, die ihnen keine Vorstellung von einem künftigen Studium vermitteln konnten, kommt das Angebot, sich an der in Gründung befindlichen Hochschule für Planökonomie (Hopla) in Berlin-Karlshorst zu bewerben, gerade recht.

*Hochschule für Ökonomie (HfÖ) 1958, ehemals Hochschule für Plan-
ökonomie (Hopla).*

Einen aus Rudolfs Klasse zieht's jedoch in die Kultur, in die Welt des Theaters.

Sofort weist ihn die eifernde Jutta in die Schranken:

„Wir sollten das studieren, was der junge Staat jetzt braucht, nämlich Leute mit Kenntnissen der sozialistischen Planwirtschaft!"

Wie so oft, hält sich die vor Selbstgerechtigkeit strotzende Person nicht an die lauthals verkündete Vorgabe.

Rudolf gehört zu denen, die das Angebot dankbar annehmen, er hätte auch gar nicht gewusst, was er sonst hätte studieren sollen.

Indes, die für September geplante Reise in die Hauptstadt kann nicht stattfinden, Internats- und Studiengebäude sind noch nicht zu nutzen. Beim Dresdner Eberhard Heinze kann Rudolf in der Zwischenzeit übernachten, und im Reichsbahnpräsidium Dresden absolviert er derweil ein Kurzpraktikum.

Dass die Tätigkeit in diesem imposanten Gebäude für den Sohn nur eine vorübergehende sein soll, kann der Vater nicht begreifen. Hatte er doch zeitlebens dafür gesorgt, dass die Züge den kleinen Neustädter Bahnhof pünktlich verließen, und er konnte sich niemals verzeihen, dass ein Zug einmal zwei Minuten zu spät abfuhr. Und jetzt arbeitet der Junge bei seinen einstigen hochrangigen Vorgesetzten in der Zentrale?

„Junge, wie hoch hinaus willst du denn noch? Wo du jetzt bist, das ist doch das Höchste, sei dankbar!"

Der Junge ist aber nicht dankbar, reist in die Hauptstadt, bezieht ein Zimmer im Internat der Hochschule, die zunächst Hochschule für Planökonomie (Hopla) heißt, später als Hochschule für Ökonomie in die Geschichte eingehen wird.

Rudolf wird ein fleißiger Student, findet neue Freunde, die ähnliche Freizeitinteressen haben wie er. Sie gründen einen Chor, gemeinsam mit Orchester und Tanzgruppe werden es bald 140 Mitwirkende, die sowohl innerhalb als auch außerhalb der Hochschule auftreten.

Rudolf wird Initiator eines satirischen Kollektivs, das sich Satko nennt, dafür erfinden die Studenten Texte und Melodien, denken sich Pantomimen aus, konfrontieren ihr Publikum mit den komischen Seiten des Studienalltags.

Bezeichnend für diese Lust an selbstkritischer Auseinandersetzung wird die Szene „Brechbohnen", die Horst Ebersbach mit unübertroffener Darstellungskraft gestaltet. Fortan gibt sich das Satko den Namen „Die Brechbohnen", unter dem es schließlich zum besten Laienkabarett der DDR avanciert.

Wie sich später herausstellte, motivierte Rudi auch seine Familie zu kabarettistisch-lustigen Aktionen.

Die intensive Arbeit an den Texten und der Kunst der Darstellung erweckt im Possenreißer auch das Interesse an Dingen, die über die ABF-Erfahrungen hinausreichen. Das Kabarett begibt sich ins Öffentliche, ins Politische, setzt kritische Akzente an gesellschaftlichen Gepflogenheiten, an diesen und jenen Verhaltensmustern von Staats- und Parteifunktionären.

Dass Rudolf gelegentlich zum Parteisekretär der Hochschule zitiert wird, bleibt nicht aus, man möge sich doch bitte auch dem Klassengegner kritisch zuwenden.

Diese Aufforderung erweist sich letztendlich als überflüssig, denn Gegnern des sozialistischen Aufbaus eins zu verpassen, haben die Freunde des Kabaretts längst selber im Blick; unvergessen zum Beispiel, wie Rudolf einen RIAS-Reporter, der seine vermeintlichen Kenntnisse über Ostberlin von sich gibt, in Gestik, Wort und Kleidung auf die Schippe nimmt.

Das Selbstbewusstsein der „Brechbohnen" wächst, als eine verschworene Gemeinschaft zeigen sie sich denen, die ihnen was am Zeuge flicken wollen.

Während eines Auftritts im vollbesetzten Saalbau Friedrichshain, das Publikum ist begeistert dabei, fordert Bezirkssekretär Kiefer die Darsteller urplötzlich, mitten in einer Szene, auf, das Programm sofort abzubrechen. Das nehmen die Jungen nicht ohne Widerspruch hin.

Achim Granitza kommt auf die Bühne, stellt sich demonstrativ vor seine Leute, teilt den Zuschauern sachlich, doch sichtlich ohne Verständnis mit, dass der Bezirkssekretär ihnen die Fortführung des Programms soeben verboten hat. Dann bittet er die Musikanten, zum fröhlichen Tanz aufzuspielen und mischt sich unter das Publikum, das erst mal nicht begreift, was eigentlich los ist.

Und so schwingen zwar alle, Zuschauer und Darsteller, fröhlich das Tanzbein, füllen aber gleichzeitig den Saal mit erregten Diskussionen.

Es stellt sich heraus – zum Lachen! –, dass ein hier anwesender Offizier der in Karlshorst stationierten Sowjetarmee lediglich eine Frage gestellt hatte: „Nje ponimaju, ich habe das eben nicht verstanden." Und Genosse Kiefer, verängstigt, er könnte einen falschen Text zugelassen haben, hatte nichts Eiligeres zu tun, als das Ganze abzubrechen.

Der deutsche Genosse – beflissener als der sowjetische Freund. Der sowjetische Freund – kann die Reaktion des deutschen Genossen nicht gutheißen.

Nach ihren Auftritten in Berlin schaffen es die „Brechbohnen", auch in anderen Orten und Städten ihre Possen vorzuführen. In den Semesterferien sind sie mit dem gesamten Ensemble auf Tournee.

Besonders gefragt sind sie bei den Einheiten der Nationalen Volksarmee, die finden so viel Spaß an ihnen, dass sie sich selber einen Spaß mit ihnen erlauben:

Sie servieren ihnen zum Mittagessen handfeste Rinderrouladen, umschnürt mit kräftigem Zwirn, die Gäste wickeln sie auf – und ziehen jeweils Fäden von mindestens sechs Metern Länge heraus. Natürlich werden die demonstrativ über die Tische gehalten, und Köche wie Esser haben eine Riesengaudi.

Sogar der Westen interessiert sich für die jungen Kabarettisten aus Ostberlin. 1955 treten sie im Saarland auf, natürlich hat die FDJ ihre Aufpasser mitgeschickt. Aber die unter den Fittichen der westdeutschen Kommunisten der DKP agierenden Kabarettisten stellen mit Erstaunen fest:

„Mensch, wenn man mit euch redet, ihr führt ja lockerere, freiere Gespräche, als es bei uns üblich ist."

Später, ein Jahr nach dem Ausbruch des Tauwetters von 1956, werden die „Brechbohnen" ins Moskauer Theater der Satire eingeladen. Während der Weltjugendfestspiele im Sommer 1957 treten sie vier Wochen lang im Majakowski-Theater auf.

Berufskabarettisten werden auf den umtriebigen Possenreißer aufmerksam. Sie bieten ihm an, fortan in der „Distel", dem renommierten Berliner Kabarett in der Friedrichstraße, mitzuwirken.

Eine solche Berufswende hatte Rudolf nun doch nicht erwartet. Nein, er will nicht vollends in die Welt von Künstlern eintauchen, die ist ihm zu unübersichtlich, auch zu fremd; wer weiß, wie locker, gar unordentlich und chaotisch es da zugeht.

Nein, er bleibt in der Welt der Wissenschaft, bleibt an der Hochschule. Dort wird er Oberassistent, beschäftigt sich intensiv mit den Fragen der Betriebswirtschaft, gibt Seminare und wird mit der Wahrnehmung einer Dozentur beauftragt.

Seine Lehrveranstaltungen sind beliebt, verfügt er doch als geübter Spaßvogel über einen Wortschatz, mit dem er die sachliche Thematik anschaulich, gespickt mit spitzen Anmerkungen, vor den Studenten ausbreiten kann.

Als ihm schließlich ermöglicht wird, eine Doktorarbeit zu schreiben, muss er allerdings die Zeit fürs Kabarett einschränken, sogar der Fernseher wird außer Gefecht gesetzt, er konzentriert sich voll auf die Forschungsarbeit. Selbst die Beschäftigung mit den Kindern – er ist mittlerweile Vater zweier Töchter – wird zurückgeschraubt.

Seine Konsequenz, sein Fleiß werden belohnt. Gesundheitsbewusst mit grüner Gurke, Schwarzbrotstullen und einer Thermoskanne Tee ausgestattet, zieht er in die Verteidigung und besteht sie.

Die Angespanntheit der letzten Jahre löst sich, der Possenreißer zeigt sich wieder, belebt den Unterricht und die Vorlesungen, ist zugleich darauf aus, Kenntnisse des Lebens in den Betrieben zu vermitteln.

Das entwickelt sich regelrecht zu einer neuen Leidenschaft, ein Betriebswirtschaftler muss Ahnung haben von dem, was im Betrieb alltäglich so vor sich geht. Er verlässt die Stätte der Theorie und begibt sich hinaus in die Praxis, geht nach Erfurt in die VVB Büromaschinen, wo er sein erlerntes Wissen vermittelt, vor allem aber seine ganze Neugierde auf die Erfahrungen und Probleme der Macher richtet. Manchmal nimmt er sich Zeit zum Entspannen, etwa beim fröhlichen Canasta-Spiel mit seinen Wirtsleuten.

Auf ihn, einen, den es von einer Hochschule ins Leben hinausgezogen hat, wird man indes höheren Orts aufmerksam. So einen braucht man für den Aufbau einer Bildungseinrichtung, in der Führungskräfte der Wirtschaft geschult werden sollen. In Berlin-Rahnsdorf wird 1965 das Zentralinstitut für Sozialistische Wirtschaftsführung beim Zentralkomitee der SED gegründet. Man appelliert an die Parteidisziplin des Genossen Gerisch, und der weiß, da gibt es keine Widerrede, er muss wohl oder übel sein Wirkungsfeld in der Praxis aufgeben und in dem neuen Institut eine leitende Tätigkeit übernehmen.

Seine Studenten sind jetzt führende Funktionäre der Wirtschaft, meist Generaldirektoren von Kombinaten und Industriebetrieben, die zu mehrwöchigen Lehrgängen zusammenkommen. Und diesen erfahrenen Teilnehmern vermag der mit der Arbeit in Betrieben vertraute Rudolf selbstbewusst gegenüberzutreten.

Jedoch merkt er schnell, an einer unter direkter Führung durch die Partei und ihr Zentralkomitee stehenden Bildungseinrichtung darf der Dozent nicht ausschließlich seinem Habitus folgen. Er muss vorgefertigte Formulierungen übernehmen. Zitate aus den Reden des obersten Partei- und Staatsfunktionärs Erich Honecker und des im Politbüro für Wirtschaft verantwortlichen

Günther Mittag müssen gebührend hervorgehoben werden. Am besten, man hält gleich den gesamten Vortrag im Duktus des Parteideutsch. Die Anforderungen der neuen Aufgabe erdrücken ihn zunächst, die spitze Zunge hat sich erst mal zu verstecken.

Aber Rudolf arbeitet nicht nur am Schreibtisch, mehr und mehr lernt er seine komplizierte Zuhörerschaft kennen und verstehen. Er entdeckt, die von den Vorgesetzten strikt geforderte Vermittlung der richtigen Lehre muss, wie er bereits als Hochschullehrer erkannt hatte, die Erfahrungen der Macher miteinbeziehen, dies umso dringlicher, da diese hier selber die Studierenden sind. Er befreundet sich mit ihnen, wird eins mit seinen „Studenten". Immer öfter fallen ihm mitten im Vortrag des ausgearbeiteten Textes Bilder, Situationen und Momente ein, die das Leben hervorbringt. Zuweilen bleiben die Ausarbeitungen unberührt auf dem Pult liegen, Rudolf ist in seinem Element. Und sobald sich erste beifällige Reaktionen zeigen, blickt der Dozent seinen Zuhörern ins Gesicht, fühlt sich ermutigt, mehr von seinem Selbst preiszugeben.

Wohl rät ihm dann der ihm zugetane Chef:
„Rudolf, schau mehr ins Manuskript!"

Aber Rudolf wird anderweitig bestärkt. Im lockeren abendlichen Kasino des Instituts – die Teilnehmer wohnen im Internat – geht es hoch her, die Experten der Wirtschaft diskutieren ihre Probleme nicht eben hinter vorgehaltener Hand, und Rudolfs rhetorisches Talent läuft zur Höchstform auf. Besonders an den Abschiedsabenden, an denen auch andere Lehrkräfte teilnehmen, redet sich der Possenreißer mehr und mehr in den Mittelpunkt. Aufkommender Beifall fasziniert ihn dermaßen, dass er glaubt, die Anzahl seiner witzigen Bemerkungen steigern zu müssen. Ihm scheint, als beginne das eigentliche Leben in seinen Ohren zu rauschen.

Und so wird er taub für den leisen Unmut der anderen, die die Späße des Possenreißers für unangemessen, wenn nicht gar für parteischädigend halten, und die endlich auch mal selber zu Wort kommen wollen.

Eines Tages heißt es dann, für diese Geselligkeiten mit Bier und Wein seien nur noch auserwählte Mitarbeiter zugelassen. Parteitreue und vor allem Sicherheit seien wichtig; ein OibE (Offizier im besonderen Einsatz) wird ins Institut beordert, der sogleich in Rudolf eine seiner wichtigen Personen sieht, die es zu beobachten gilt. Der Spaßvogel wird erst mal erzogen, in die „Erziehungsmühle" geschickt.

Lustig geht's nur noch im Privatbereich zu, auf der Jugendweihefeier des Sohnes oder seinem 50. Geburtstag ist noch etwas vom Possenreißer zu spüren. Auch in Gesprächen mit langjährigen Freunden taut Rudolf auf, hält sich mit spitzen Kommentaren zum politischen Geschehen nicht zurück.

„Ja, um Gottes willen, in unserer Position hat man keine engen Freunde", gibt der Chef zu bedenken. Er weiß, was Rudolf in jenen Tagen nicht ahnt, dass ein OibE seine Zuarbeiter auch in die privaten Kreise der Auszuspähenden schickt.

Als dann Glasnost und Perestroika in die DDR rüberschwappen, gibt sich Rudolf auch auf seiner Arbeitsstelle als deren Sympathisant zu erkennen. Jetzt kann der Instituts-OibE noch zielgerichteter an seinem Erfolg arbeiten, und er darf zugreifen: Der Mitarbeiter Rudolf Gerisch ist kaltzustellen.

Diesem wird von einem Tag auf den anderen das Betreten des Instituts untersagt. Er hat zu Hause zu bleiben, hat „krank" zu sein. Kein Kollege besucht ihn, keiner nimmt auch nur telefonischen Kontakt mit ihm auf. Mitarbeiter seiner Abteilung, die ihm einen Weihnachtsgruß schicken wollen, müssen die Karte zerreißen, ab in den Papierkorb. Auch keiner seiner Freunde meldet sich, sie haben ihn offensichtlich zu meiden.

Lediglich zwei Leute statten ihm einen „Krankenbesuch" ab, bringen jedoch keine Genesungswünsche mit, vielmehr haben der OibE und sein Gefolgsmann, der Chef, strenge Forderungen mitgebracht. Es sei endlich an der Zeit, eine „ordentliche Stellungnahme" abzugeben zu „ideologischem Fehlverhalten" und „unerlaubten Verbindungen". Die Besuche wiederholen sich.

Aus dem selbstbewussten Possenreißer wird wieder der, der er am Beginn der ABF-Zeit war, einer, der sich in Selbstanklagen ergeht über seine unzureichende Herkunft, über seine vermeintliche Unfähigkeit, den Sohn fortschrittlich zu erziehen. Überhaupt hätte nicht viel gefehlt – so wird seine Frau diesen Zustand im Nachhinein beschreiben – und er hätte sich der Ermordung der eigenen Mutter bezichtigt.

Solche Geständnisse wollen die „Besucher" jedoch nicht hören, sie wollen endlich „alles" wissen, verlangen „schriftliche Ausarbeitungen".

Rudolf gehorcht, der Chef-Fahrer des Instituts holt mehrmals Schriftstücke von ihm ab. Dann wird er vor die Parteileitung geladen, geht wieder nach Hause, der Familie teilt er nichts von dem Gespräch mit. Er ist still, in sich gekehrt, ist nicht mehr er selbst.

Am Abend ruft ihn der Chef an:
„Öffne mit deiner Frau ruhig eine Flasche Sekt, morgen kannst du wieder arbeiten kommen."
Das einsame „Kranksein", wochenlang, hat ein Ende.

Aber es folgt keine Zeit der Genesung. Zwar sitzt er in seinem Büro, doch keiner seiner Mitarbeiter betritt den Raum, auch nicht die Sekretärin. Er wird nicht gebraucht. Die Einsamkeit am Arbeitsplatz ist unerträglicher als die häusliche Abgeschiedenheit. Selbst als zum 20-jährigen Bestehen des Instituts Vertreter von Betrieben und Einrichtungen jede Menge Glückwünsche überbringen, darf der Genosse Gerisch, der doch seit dem Gründungstag dazugehört, nicht dabei sein. Umso erstaunlicher und völlig unerwartet, dass sein Telefon klingelt. Der OibE meldet sich höchstpersönlich und fordert ihn auf, sofort zum Empfang der Gratulanten zu kommen. Wie das? Rudolf fühlt sich wie ein Spielball in den Händen undurchschaubarer Mächte.

Und wen sieht er, als er den Empfangssaal betritt? Seine Erfurter Freunde, Vertreter der VVB Büromaschinen waren zur Gratulation erschienen, und denen hätten die Institutsleute die Abwesenheit ihres einstigen erfolgreichen Mitarbeiters wohl nicht recht erklären können. Aber warum eigentlich nicht? Soll draußen keiner erfahren, was hier im Innern vor sich geht?

Rudolf hat niemanden, mit dem er darüber reden kann. Und was soll er auch denken, wenn ihm schließlich eröffnet wird, das Institut zu verlassen und sein Wissen einer Hochschule zur Verfügung zu stellen. Nun gut, ein Nachweis für eine staats- oder parteifeindliche Tätigkeit hat sich offensichtlich nicht gefunden, aber man will ihn in Rahnsdorf wohl einfach nicht mehr ertragen, und so wird er mit hohem Lobe davongejagt, sogar von höchster Stelle gepriesen.

Wie nämlich Horst Steeger, der Rektor der künftigen Akademie für Staat und Recht in Potsdam-Babelsberg, ihm später sagen wird, hat das Mitglied des Politbüros Krolikowski den Genossen Prof. Dr. Gerisch vom Zentralinstitut für Sozialistische Wirtschaftsführung hervorgehoben als einen, der entscheidend dazu beitragen wird, die Forschung und Lehre auf dem Gebiet der Wirtschaftsführung auch in der Akademie für Staat und Recht voranzubringen.

Die neue Wirkungsstätte des inzwischen 58-Jährigen liegt nun in Potsdam-Babelsberg. In Gerhard Huber, seinem jetzigen Chef, findet er einen verständnisvollen Freund, beide haben in vielem übereinstimmende Ansichten. Rudolf arbeitet sich gut ein, spürt aber auch, dass er weiterhin überwacht wird, und das sehr vordergründig und aufdringlich.

Er kann das nicht mehr aushalten, fühlt sich verfolgt, seine Kräfte schwinden, er wird wortkarg, ängstlich, ist regelrecht arbeitsunfähig.

Die Familie, die sich die Vorgänge der letzten Monate am Parteiinstitut nicht erklären kann, weiß sich nicht anders zu helfen, als den Verängstigten in ein Haus zu bringen, in dem er mit ebenso traurigen, einsamen Leuten seine weiteren Tage verlebt. Den Ärzten, den Therapeuten und den Mitpatienten sagt er niemals auch nur ein Wort über sein wahres Selbst.

So erfährt niemand, dass er ein Possenreißer ist, und er selbst hat es auch vergessen.

Nach einem Dreivierteljahr intensiver Behandlungen im Wilhelm-Griesinger-Krankenhaus geht es ihm besser, er kann wieder arbeiten. Die Atmosphäre in Babelsberg erlaubt lockere Vorlesungen, anstelle der Parteidoktrin steht das wissenschaftliche Niveau im Vordergrund. Das Selbstvertrauen des neuen Mitarbeiters wächst wieder, seine Kollegen finden den humorvollen Menschen sympathisch.

1990 – die DDR ist untergegangen, die deutsche Einheit ist vollzogen. Wer das 60. Lebensjahr erreicht hat, muss die Akademie verlassen, in den Vorruhestand gehen, auch Rudolf.

Als Betriebswirtschaftler findet er Arbeit in neu entstehenden Bildungseinrichtungen, in denen arbeitslose Akademiker umgeschult werden. Er hält Vorlesungen, leitet Seminare, erarbeitet Konzeptionen.

„Noch nie habe ich so frei arbeiten können, noch nie konnte ich mich so auf das von der Sache her Wichtige konzentrieren, niemand hat mir reingeredet", wird er im Nachhinein diese Jahre werten.

Bei den Umschülern ist er beliebt, sie finden ihn gesellig und humorvoll, schätzen sein logisches Vorgehen. Er liebt sein Publikum, und dieses mag ihn, auch wenn er ihnen als fordernder Dozent gegenübertritt.

„Wissen Sie", sagen sie, „Ihre Frau muss sehr glücklich sein, Sie sind so lustig und klug."

„Das müsste meine Frau hören", reagiert der so Gelobte und erzählt es lachend zu Hause.

Das Heimatblatt für die Waldgartengemeinde, werbend und informierend, bis weit in das Umland und Berlin

Schöneiche KONKRET

21. April 2004

www.schoeneiche-konkret.de

Dieses Heimatblatt gibt es tatsächlich, und das schon seit Jahrzehnten. Aber das, was hier in diesem Buch abgebildet ist, existiert nur in der Phantasien zweier junger Damen, die ihrem Opa auf diese Weise einen Gruß zum Geburtstag schicken wollen.

EDITORIAL

Liebe Leserinnen, liebe Leser,

ganz herzlich möchten wir Sie einladen, Schöneiche konkret wieder ihr ganzes Interesse zu schenken. Denn obwohl wir für die Waldgartengemeinde schreiben, sind wir alles andere als ein Wald- und Wiesenblatt! Statt dessen haben wir uns auch in dieser Ausgabe nicht gescheut, brandheiße Themen anzupacken: Der Bericht über den Teichwettbewerb beispielsweise, aber auch die Reportage über die letzte Gemeinderatssitzung, bei der dem Vernehmen nach ganz schön die Fetzen geflogen sind. Dazu gibt es wieder viele gute Einkaufstipps und die neuesten Ergebnisse von Germania Schöneiche.

Besonders am Herzen liegt uns aber unsere Berichterstattung über den Geburtstag unseres lieben Opas Rudi Gerisch, dem wir darum die komplette Titelseite gewidmet haben. Lieber Opa, noch einmal ganz herzlichen Glückwunsch zum Geburtstag, viel Gesundheit und immer eine Gurke zur Hand wünschen Dir Deine Enkelinnen

Franzi und Pauli

Chefredaktion

Das Heimatblatt für die Waldgartengemeinde, werbend und informierend, bis weit in das Umland und Berlin

Schöneiche KONKRET

21. April 2004

www.schoeneiche-konkret.de

Stationen eines Lebens: Oft der Kleinste, stand Rudi Gerisch aus Neustadt / Sachsen doch fast immer ganz oben

Ein Spinner . . .

... in allen ...

Wie kann man sich einen Mann vorstellen, der 1929 so groß wie eine Zeilensemmel geboren ist; dessen zweite Lebensquelle eine Gewürzgurke zu sein scheint; der mit kleinen, grünen Brechbohnen nach Moskau reiste und bei alledem doch eigentlich bloß ein Spinner war?! Die Redaktion von Schöneiche konkret staunte nicht schlecht als sie feststellte, dass eben dieser Spinner zu ihrem Leserkreis gehört. In umfangreicher Recherchearbeit erstellte sie ein Portrait dieses Mannes und deckte dabei so manches spannende Abenteuer auf.

Es war das Jahr, in dem Erich Maria Remarque fand, dass es im Westen nichts Neues gab, im Osten dafür aber umso mehr, wussten Oskar und Johanna Gerisch. Denn in der Oststraße 3 in Neustadt/Sachsen ist Rudolf Gerisch als ihr gemeinsamer Sohn und als Brüderchen von Elfriede Gerisch geboren worden. Na ja, und die Bemerkung mit der Zeilensemmel, deren Größe ihr neugeborenes Brüderchen nicht übertraf, konnte sich die erstaunte Schwester Elfriede einfach nicht verkneifen.

Rudis Körpergröße war oft Thema. Auch für die Mutter eines Mitkonfirmanden: Als Rudi sich fürs Foto artig in die Reihe der soeben Konfirmierten einordnete, tönte es von links herüber: „Och nee, der Kleene, hat der ouch schon Konfirmation – nee!?"

Schöneiche KONKRET

21. April 2004

www.schoeneiche-konkret.de

Lebenslagen

Als Wald- und Gartenblatte-Redakteure konzentrierten wir uns auf die Gewürzgurke, die dem Rudolf Gerisch Lebensenergie gespendet hatte. Einen Forschungsbericht über die gemeinen Hausgewürzgurke erwartend, lauschten Heike Rietz. Sie gab uns wieder, was ihr Johanna Gerisch, in einer lange vergangenen Nacht erzählte.

Nach nur siebenjährigem Einsatz waren die Ohren von Rudi völlig vereitert. Doch der rudolferischen Organismus konnte wieder hergestellt werden und eine Gewürzgurke schaltete Rudi auf Power on. Ein solches in Brandtweinessig eingelegtes grünes Gemüse war nun mal das erste, das Rudolf nach der schweren OP im Magen behielt.

Wenig verwunderlich also, dass grünes Gemüse im Leben von Rudolf Gerisch fortan eine bedeutsame Rolle einnahm.

"Satko": Kabarettgruppe der Hochschule für Ökonomie in Berlin. Mit den marktschreierischen Worten: „Heute gibt es kleine, grüne, junge Brechbohnen...", die ihr Programm stets einleiteten, war ihnen der Durchbruch gelungen. Die Brechbohnen waren geboren und 1957 reiste Rudolf Gerisch mit ihnen nach Moskau. Die Erinnerung an den „malenko" Rias-Reporter Rudi lässt sie bis heute schwärmen.

Liest man das Portrait des Rudolf Gerisch zwischen den Zeilen und hat man ihn schon einmal erlebt, so glaubt man gern, dass Rudi ein Spinner ist.

IMPRESSUM

Textredaktion: F. Rietz, R. Reuter. Freie Mitarbeit: Paula Rietz. Recherche: Agentur Rietz. Fotos: Gerisch

---

Würdigung der Lebensleistungen des Rudolf Gerisch mit einer Zeitungsseite im Stil seiner Lokalzeitung Schöneiche KONKRET, die seine Enkeltochter Franziska mit ihrem damaligen Freund anlässlich seines siebzigsten Geburtstages gestaltet hatte.

Die Jahre, in denen seine Persönlichkeit fast am Boden zerstört war, sind lange vorüber. Er ist wieder stark, gesund und tüchtig, steht morgens um fünf Uhr auf, hebt die Hanteln, machte dreißig Kniebeugen, schiebt den Kopf nach rechts und nach links, legt sich auf die Matte und übt. Er schwitzt in der Sauna und joggt durch den Wald, beteiligt sich an Wettkämpfen im Crosslauf und gewinnt auf dem Maifeld in Berlin und in den Weinbergen von Freyburg an der Unstrut Preise. Einmal wird er sogar Sieger in seiner Altersklasse, da ist er siebzig.

Er meistert neun Seminarstunden am Tag. Fernsehen bedeutet für ihn aktives Studium, zu Wirtschaftssendungen macht er sich Notizen, zwischendurch wertet er Zeitungen und Fachzeitschriften aus, seine Seminare sollen anschaulich und aktuell sein. Bis zu seinem 75. Geburtstag bleibt er im Berufsleben.

Von seiner Aktivität und Geselligkeit, seinem Humor und der Spottlust, der Ausstrahlung des Spaßvogels und Possenreißers zehren nun – uneingeschränkt – die Familienmitglieder und seine Freunde.

Rudolf Gerisch wird Erster beim Jahn-Gedenk-Lauf in den Weinbergen von Freyburg an der Unstrut, 1999.

Rudolf Gerisch nach einem seiner zahlreichen Jahn-Gedenk-Läufe in Freyburg an der Unstrut.

Rudolf Gerisch nach dem City-Night-Lauf 1995 am Kudamm, mit sei-nen Töchtern Antje und Heike.

Auch dabei: Enkeltochter Franziska und Schwiegersohn Siggi.

EIN WIRKLICHES MÄRCHEN

Es war einmal ein kleines Mädchen, das hieß Anja. Es wohnte in einer europäischen Hauptstadt, die hieß Berlin. Wie dort üblich, wurde Anja, nachdem sie das 6. Lebensjahr erreicht hatte, ein Schulkind. Ihre am Ostkreuz gelegene Schule trug den Namen von Max Kreutziger. Hier schwor sie sich zusammen mit Martin, ihrem besten Freund aus frohen Kita-Zeiten: Wir werden heiraten! Das stand für beide felsenfest.

Dieser Gedanke indes ließ sich nicht lange festhalten, obwohl doch glückliche Umstände dafür die Ursache waren. Sie sollte nämlich ein Schwesterchen bekommen, aber die Wohnung in der Lenbachstraße wäre für die Familie dann zu klein geworden. Deshalb bekamen Anjas Eltern eine moderne Vierraumwohnung in Berlin-Hellersdorf zugewiesen.

Martin sprach danach tagelang kein Wort, so traurig war er darüber, dass seine liebe Anja einfach nicht mehr da war. Auch Vater und Mutter wussten nicht, wie sie ihn trösten sollten.

Und Anja hatte inzwischen Sorgen ganz anderer Art. Dass sie vom eigenen Vater missbraucht wurde, machte ihr so zu schaffen, dass sie weder an ihren Martin noch an irgendeinen Mann zu denken vermochte. Eher wollte sie mit einer Frau zusammenleben.

Und so zog sie bald zu Bettina nach Berlin-Zehlendorf, wo sie ein wenig zur Ruhe kam und sich zu Hause fühlte. Sie verstand sich auch gut mit dem kleinen Kind, das ihre Partnerin mit in ihr gemeinsames Leben brachte. Auch von allen aus Anjas Familie, von Oma und Opa, Mutter – Vater war längst „entlassen" –, Onkel und Tante, Schwester, Nichte und Neffen wurde Anjas Freundin mit Selbstverständlichkeit aufgenommen.

Jahre vergingen – waren es drei, waren es vier? –, da teilte Anja ihrer Familie ohne jegliche Vorankündigung mit, mit Bettina ginge es nicht mehr, sie habe sich von ihr getrennt. Sie bezog wieder ihr Zimmer in der Hellersdorfer Wohnung, hatte die Absicht, doch lieber mit einem Mann zusammenzuleben, bemühte sich um eine Bekanntschaft. Das gelang natürlich nicht auf Anhieb. Alle aber staunten nicht schlecht, mit welchem Selbstbewusstsein und welcher Ausdauer sie ihre Absicht verwirklichen wollte.

Regelrecht fassungslos jedoch wurde ihre jüngste Idee zur Kenntnis genommen, sich bei ihrem Freund aus frühen Kindertagen zu melden, übers Internet wollte sie Verbindung mit Martin aufnehmen. Ob das was werden konnte? Immerhin waren inzwischen ja wohl mehr als zwanzig Jahre ins Land gegangen.

Martin hielt diese Nachricht, die ihm der Computer da zuspielte, für einen üblen Streich, da wollte ihn wohl jemand ganz schön auf den Arm nehmen. Er wollte schon seiner Wege gehen, schaute dann aber nochmals auf den Bildschirm, da stand was von einer Schule in der Sonntagstraße, na ja, das war längst Geschichte. Dann las er was von einer Lenbachstraße, hm! Lenbachstraße 6. Das kann doch nicht wahr sein, das gibt's doch nicht, da hat doch mal meine Anja gewohnt, das liebe Mädchen, das ich gern einmal geheiratet hätte.

Er ließ alles stehen und liegen und sauste nach Hellersdorf. Die Bindung zu einer Partnerin löste er sofort, die Fäden, die ihn seinerzeit mit Anja verbunden hatten, erwiesen sich als fester.

Die Hellersdorfer kamen aus dem Staunen gar nicht heraus, ihre Freude war unbeschreiblich. Ein junger Mann war in die Familie gekommen, mit dem man allseits „Staat machen" konnte: schlank, groß, sportlich, gebildet, gelernter Industriekaufmann mit gutem Job in einem Berliner Unternehmen – und die Augen erst, der Blick! Eben ein charmanter junger Mann.

Anja und Martin umarmen sich auf der Hochzeit ihrer Schwester Jenny – das steht ihnen zu, findet Margot. Sind sie doch sagenhafte Märchenfiguren, die im Alltagsleben von heute tatsächlich existieren.

Als wieder einmal eine große Festlichkeit stattfand – Anjas Schwester Jenny feierte ihre Hochzeit mit Tobias –, wollte die Oma ein paar Worte über die Männer der Familie sagen, gut und schön. Aber plötzlich gab sie, immerhin eine Frau in den Achtzigern, ihrem Bedauern Ausdruck, nicht mehr 17 zu sein, sonst hätte sie sich in den Martin verliebt. Die Lacher hatte sie auf ihrer Seite, und sie lachte mit. Aber hinterher war's ihr doch etwas peinlich, und sie fragte ihn, ob er ihr ihre Bemerkung hoffentlich nicht übel genommen hätte. Ach, winkte er ab, er sei zu der Zeit gar nicht im Saal gewesen, er hätte da gerade das für die Braut gemietete Auto wegfahren müssen. Na ja, vielleicht war's gut so. Anja jedenfalls war der Oma nicht böse.

Überhaupt Anja! Sie gehörte ja zu den Personen, die etwas fülliger sind, doch ihren Martin störte das keineswegs. Aber genau genommen stand sie ihm in den Werten ihrer Persönlichkeit in nichts nach. Sie war bei allen beliebt, allein schon wegen ihrer vielseitigen, schöpferischen Ideen beim Erarbeiten von Geschenken. Und was sie alles in die Wege geleitet hatte beim Kauf der Möbel für Omas neue Wohnung, was sie bei Ikea alles herausgefunden hatte, das hätte Oma allein nicht geschafft. Sie wäre, wie sie selber von sich meint, nicht mal auf die notwendigsten Vorüberlegungen gekommen.

Und ihre unermessliche Ausdauer, die schon bei ihren privaten Entscheidungen zutage trat, trug jetzt auch im Berufsleben Früchte.

Seit Jahren musste sich Anja nämlich mit einem Zeitarbeitsjob abfinden. Sie wollte es dann aber doch nicht dabei belassen und bewarb sich auf Angebote, die innerhalb ihres Betriebes, der BVG, ausgeschrieben wurden. Sie meinte, gute Voraussetzungen dafür zu haben, aber eine Ablehnung folgte der anderen. Mit der Zeit fiel ihr auf, dass unten im Kundenzentrum ein Mangel an Helfern bestand und sie fühlte sich veranlasst, da einzuspringen. Vielleicht hatte diese Einsatzbereitschaft dazu beigetragen, dass auf eine ihrer folgenden Bewerbungen eine Zusage kam. Wozu es doch nützlich sein kann, wenn man sich nach 29 Absagen ein 30. Mal bewirbt. Anja hatte jetzt eine unbefristete Arbeitsstelle als Sachbearbeiterin. Alle freuten sich mit ihr.

Schließlich hielten diese märchenhaften Geschehnisse auch für die Oma noch etwas parat. Denn zu Anja und Martin gesellte sich bald ein lustiger, oft lachender kleiner Oskar, den der junge Papa der nun 84-Jährigen an einem Nachmittag sanft in die Arme legte. Ihre verliebten Blicke konnte sie nun doch noch, wenn auch nicht persönlich auf Martin, so doch auf einen Teil von ihm, auf seinen Sohn, richten.

Zuweilen geschieht Märchenhaftes. Wer's glaubt, wird selig.

Nein, die Augen aufmachen! Ist nicht letztendlich alles der Initiative der Beteiligten zu verdanken?

DER BRIEF

Der Schulalltag begann wie eh und je, in den langen, hohen Fluren des alten Gebäudes verhallten die Stimmen der Schüler allmählich, bis schließlich nur noch die markigen Rufe des gefürchteten Herrn Meisselborn bis in unsere Klassenräume herauftönten. Wer dann noch, nach Stundenbeginn, unentdeckt in sein Klassenzimmer zu gelangen trachtete, geriet in aller Regel dennoch ins Gesichtsfeld des Gestrengen und war nun wehrlos dessen Wortkanonaden ausgeliefert.

Erst vor dem unterrichtenden Lehrer vermochte sich der so Geduckte einigermaßen aufzurichten und brachte ein paar Gründe für sein Zuspätkommen hervor. Da ihm hier zugehört wurde, stellte sich sein Vermögen, aufrecht zu stehen, wieder ein und so konnte ein von Meisselborn Gescholtener letztlich doch erhobenen Hauptes zu seinem Platz gehen.

Heute erwarteten wir zur ersten Stunde Herrn Meisselborn, er war unser Lateinlehrer, alle waren pünktlich. Dennoch würden wir nichts zu lachen haben. Es sei denn, Manne Lehmann, schwächster Lateiner der Klasse, würde zum Übersetzen aufgefordert.

„Junger Mann", so pflegte Herr Meisselborn den Stotternden zu unterbrechen, „wenn Sie doch nur mal von Ihrem Verstand Gebrauch machen würden, gehen Sie doch mal logisch vor, mit Logik, meine Lieben, nur mit strenger Logik können Sie die Schönheit des Latein entdecken, daher ist ein guter Lateiner auch immer ein guter Mathematiker, nicht wahr, junger Mann?"

Bei diesen Worten hatte der Lehrer den Klassenraum durchschritten und blieb nun vor dem Ärmsten in der letzten Reihe stehen. Einige von uns begannen zu lachen, die meisten kommentierten den Vorgang dann wenigstens mit einem Grinsen, nicht eigentlich aus Schadenfreude, als vielmehr aus einer Art von Untertänigkeit, einem Gefühl von Pflicht und Schuldigkeit gegenüber dem allmächtigen Lehrer. Fröhliches, freies Lachen konnte in seinen Unterrichtsstunden nicht aufkommen, alles an ihm war rationell, logisch, eben „lateinisch".

Jedenfalls wurde er vom gesamten Kollegium dermaßen respektiert, dass er sich herausnehmen konnte, die beiden älteren Lehrerinnen, Frau Schmiedel und Frau Borchert, mit Fräulein anzureden, obwohl diese es besser wussten. Herrn Meisselborn widerspricht man nicht, Herrn Meisselborn verbessert man nicht. Wer keinen Einblick in unsere Schule hatte, sah in diesem Mann den Direktor. Tatsächlich aber war jenes Fräulein Schmiedel – für uns alle selbstverständlich Frau Schmiedel – die Direktorin, die zugleich unsere Klassenlehrerin war und uns in Deutsch unterrichtete. Sie war eine resolute Person mit entschiedener Stimme und raschen Bewegungen, was in einem merkwürdigen Gegensatz zu ihrer Erscheinung stand. Ihre Rede geriet, wenn sie lautstark werden sollte, in die Nähe von etwas Piepsigem, eigentlich ins Keifende.

Ihre Körperformen waren eher im Verkaufsraum unseres Schlächters vorstellbar als in einem öffentlichen Amt. Dass sie füllig oder fett wäre, konnte man aber auch nicht sagen, sie war eher ein Gebilde aus mehreren aufeinander, ineinander und nebeneinander gelagerten wabbligen Einzelteilen, die allesamt von einer unsichtbaren Kraft zusammengehalten wurden und wider Erwarten an ihr haften blieben. Lediglich ihre Hüften, angewachsenen Dreipfundbroten ähnelnd, glichen einer Art Ruder, indem diese der großen, schweren Frau beim Gehen eine zusätzliche Schubkraft verliehen, sodass ihr Gang mühelos, ja zügig wirkte.

So kam es, dass sie rasch zur Stelle war, wo immer es in der Schule etwas zu regeln galt.

Heute musste dies offensichtlich in unserer Klasse der Fall sein. Denn statt des erwarteten Lateinlehrers eilte Frau Schmiedel herbei und baute sich vor uns auf, entgegen ihrer Gewohnheit, gleich zu Beginn der Stunde zunächst am Lehrertisch Platz zu nehmen. Sie wirkte erregt, als hätte sie einen eben erst erfahrenen Ärger noch nicht verkraftet.

Ohne Morgengruß und ohne die übliche Aufforderung, uns zu setzen, nahmen wir zögernd Platz. Noch ehe das Stühlerücken aufhörte, begann sie, bemüht, ein leises Zittern in der Stimme zu unterdrücken, zu uns zu sprechen:

„Ich werde euch etwas vorlesen."

Damit nahm sie das Papier, das sie bisher in einer Hand gehalten hatte, in beide Hände. Und las dann langsam davon ab, als handle es sich um die Wiedergabe einer nüchternen Information.

Was wir indes zu hören bekamen, war alles andere als nüchtern. Jemand hatte einen Brief an seinen Vater geschrieben, der uns hier vorgelesen wurde, und wir reagierten zunächst verwundert, dann irritiert und ungläubig, einige begannen miteinander zu tuscheln.

Am auffälligsten reagierte Lenchen Paschke, die in der ersten Reihe ihren Platz hatte, ein stilles, braves, fleißiges Mädchen, das bisher kaum in Erscheinung getreten war. Jetzt erhob sich Lenchen, und es sah aus, als wollte sie davonlaufen. Im nächsten Augenblick verharrte sie jedoch, setzte sich wieder und schlug wie aus einer Angst heraus die Hände vors Gesicht. So blieb sie sitzen.

Kaum hatte Frau Schmiedel die ersten Worte des Briefes vorgelesen, erschrak Lenchen Paschke bis ins Mark. Was da aus fremdem Mund auf sie herabtönte, das waren ja ihre eigenen Ge-

danken, ihre ganz und gar eigenen Worte, von ihr selbst nieder-
geschrieben in Augenblicken der Ratlosigkeit. Wen ging das was
an? Und wie war das, was als Beginn eines Zwiegesprächs mit
dem sie abweisenden, spröden Vater gedacht war, in die Hände
der Direktorin gelangt?

Diese Fragen bewegten sie jedoch nur wenige Sekunden, denn
sie wurden überlagert von einem einzigen, sie überwältigenden
Gefühl der Scham. Bloß weg von hier, bloß weg!

Aber sie blieb, ihr war elend zumute, als wenn es die für sie
überaus erfolgreichen zwei Jahre in der Aufbau-Klasse der
Oberschule nicht gegeben hätte. Hatte sie es doch mit einigen anderen aus der Arme-Leute-Gegend um den Schlesischen
Bahnhof herum geschafft, aus den eigens für sozial Benach-
teiligte begründeten Aufbau-Klassen nun in die 11. Klasse einer Oberschule zu gelangen. Dafür hatte sie mit Freude und
Fleiß gelernt, sich in den Jahren der Aufbaustufe gefördert
und gefordert gefühlt.

Und jetzt?

Angekommen, aber nicht angenommen, sie fühlte sich unter diesen Schülern, die seit dem 5. Schuljahr zusammen waren, verloren. Den wenigen Mitschülerinnen, die mit ihr in diese Klasse gekommen waren, ging es ähnlich.

Für sie lebten die Söhne und Töchter von Ärzten, Rechtsanwäl-
ten, Geschäftsleuten, Ladenbesitzern in einer anderen Welt,
eben der Welt der „Reichen". Während die Hinzugekommenen
noch nie eine Tanzschule auch nur betreten hatten, konnten die
anderen sich beim Austausch über ihre dortigen Erlebnisse regelrecht kaputtlachen. Und überhaupt, wie rückständig die alle
waren, hielten es mit dem Westen, rannten in die Westkinos,
warfen sich den Spitznamen eines amerikanischen Politikers
wie ein modernes Losungswort zu: „Eisenhower, Eisenhower",
jubelte Hans-Joachim Büne, einer von denen, die sich bei jeder
Gelegenheit zum Wortführer aufschwangen.

„Ike ist großartig, Ike ist wunderbar, er soll die Wahl gewinnen."

Wie sich das anhörte, wie er prahlte, als sei er persönlich mit Eisenhower befreundet. Ein Angeber. Mit Worten nur so um sich werfen, das konnte er, aber sonst? In Sport stand er nicht eben gut da. Ungelenk und schlaksig konnte er beim Völkerball nicht mal mit den Mädchen mithalten, bei denen er sowieso keinen Schlag hatte, mit seinem Vogelgesicht, in dem Mund und Kinn nach hinten abdrifteten und die spitze Nase freien Raum zum Haken erhielt.

Ein andermal wollte Büne mit seinem Wissen in Sachen Literatur beeindrucken, ein Schriftsteller aus Übersee hätte das Tollste geschrieben, was ihm je untergekommen wäre.

Dabei handelte es sich doch nur um die Geschichte eines alten Mannes, der um einen Fisch kämpft. Und einen Einzelkämpfer so herauszustellen in Zeiten, in denen, wie wir inzwischen gelernt hatten, nur das geeinte Handeln der Massen Erfolg haben konnte? Nein, mit einem solchen Helden wollten Lenchen und ihre Freunde gar nicht erst bekannt werden.

Nicht, dass sie eine grundsätzliche Abneigung etwa gegen amerikanische Schriftsteller hatten, einer gehörte sogar jahrelang zu ihren Favoriten, Robert Mende mit seinem Roman „Spucke und Sterne", aus dem sie sich gegenseitig vorlasen und vielseitige Anregungen für ihr eigenes Lernen und Handeln daraus entnahmen.

Natürlich gehörten Werke der Sowjetliteratur zu ihren ständigen Lesungen, vor allem wenn junge Menschen geschildert wurden, die sich schweren, ungewohnten Herausforderungen stellten, ganze Städte in die fernen, unbesiedelten Landstriche sibirischer Wälder und Flüsse setzten. Dabei wuchsen oder versagten, ihr persönliches Glück fanden oder verfehlten.

Ein neues Lebensgefühl, eine neue Gesellschaft, ein neuer Mensch, so sollte es werden, ohne dass sie es artikulieren konnten, deshalb ihre Freude über Ostrowskis „Wie der Stahl gehärtet wurde" oder „Der Mut" von Wera Ketlinskaja. Im Alltag hingegen gab es für solche fast heiligen Worte keinen Platz.

Einzig im Russisch-Unterricht fanden Lenchen und ihre engsten Freunde Gelegenheit, ihre Sympathie für das Land und die Gesellschaft der Zukunft kundzutun. Dem allgemeinen Desinteresse an dem Fach setzten sie eifrige Beteiligung entgegen, meldeten sich, so oft sie etwas von den geforderten Vokabeln oder, was schon schwieriger war, von den verwirrenden Endungen der Deklinationen und Konjugationen wussten. Herr Lewet, der aus dem Baltischen kam, dankte es den Mädchen mit guten Noten. Zusehends jedoch litt der freundliche, rundliche Mann unter der Unruhe seiner Schüler. Ergeben wie ein Bittsteller erflehte er Aufmerksamkeit von ihnen. Das Herz konnte einem wehtun angesichts solch hilfloser Liebenswürdigkeit, und tatsächlich schwappte denn auch eine Portion Mitleid über die Klasse, das Getuschel und Gekicher verstummte. Doch kaum hatte sich Herr Lewet zur Tafel gewandt, war das Mitleid vergessen, und noch ehe es den Eifrigen bewusst wurde, gerieten auch sie in den Sog des Schwatzens.

Der bedauernswerte Lehrer war sicherlich ein kuscheliger Großvater, eine Gruppe Jugendlicher aber wusste er nicht zu führen.

Ein andermal verfielen die Mädchen um Helene auf die fixe Idee, mit ihren Radios für das Russische zu werben. Jeden Abend um 22.00 Uhr, wenn die Nationalhymne der Sowjetunion und das Glockengeläut des Kreml gesendet wurden, stellten sie ihre Geräte bei geöffnetem Fenster auf Überlautstärke. Sie meinten, diese schöne, getragene Melodie und der Gesang der kräftigen Männerstimmen müssten den Nachbarn gefallen.

Aber das helle, fröhlich klingende Pausenzeichen des RIAS, das während des ganzen Tages über den Hof schallte, behielt auch zu spätabendlicher Stunde bleibende Anziehungskraft.

Und so verliefen die eher kindlichen Agitationsversuche des Mädchentrupps im Sande, sie blieben mit ihren Schwärmereien unter sich.

Inzwischen hatte Frau Schmiedel den Brief vollständig vorgelesen.

„Was glaubt ihr, wer das geschrieben hat?", rief sie in die Klasse, „Helene Paschke, unser Lenchen Paschke", und wie ein Richter den Delinquenten fragt, fügte sie hinzu und trat dabei dicht an das Mädchen heran:

„Hast du das geschrieben?"

Mit einem kaum hörbaren „Ja" gab Lenchen es zu. Die Scham darüber, ihr Inneres in seiner ganzen Unbeholfenheit vor allen ausgebreitet zu sehen, schnürte ihr die Kehle zu. Wie hätte sie ihre „Schuld" auch leugnen können, sie hatte es ja tatsächlich geschrieben, und was sie geschrieben hatte, stimmte ja auch. Die Direktorin, ihre Klassenlehrerin, hielt es mit den Reichen, die Schüler rannten in die Westkinos, die Armen vermochten nicht, sich Geltung zu verschaffen.

Jener Elternabend hatte dies nun alles wie in einem Prisma widergespiegelt, die Situation klar verdeutlicht. Wohlhabende und Minderbemittelte begaben sich gemeinsam auf die Sitzplätze ihrer Kinder, wo aber keine Gemeinsamkeit entstehen wollte. Die Armen spürten, sie gehörten nicht dazu, ihre schüchtern ausgestreckten Hände wurden von der Lehrerin gar nicht zur Kenntnis genommen, per Handschlag wurden nur die Bekannten begrüßt. Und die Bedauernswerten waren zu scheu, sich im Kreise der Redegewandten zu Wort zu melden. Sie sagten nichts, fragten nichts, hatten am Ende kaum etwas über ihre Kinder erfahren, auf die sie doch so stolz sein wollten.

Betrübt war Lenchens Mutter nach Hause gekommen, wo die Tochter sie voller Neugier erwartete. Beide setzten sich an den schäbigen Küchentisch, auf dessen Zwischenboden die kleine Wanne mit dem schmutzigen Geschirr ihren Platz hatte. Die Mutter hatte sich den mit Peddigrohr bespannten Stuhl aus der Stube geholt. Lenchen begnügte sich mit einem der beiden farbrissigen Küchenstühle.

Lenchen schaute in das vergrämte Gesicht der kranken Mutter, die heute von nichts anderem zu berichten vermochte als von erfahrenen Demütigungen. Erst vor ein paar Tagen hatten die Ciemballas aus dem Parterre sie tief gekränkt.

Eins der fünf Kinder dieser Familie hatte ihr, als sie wieder einmal ein Weilchen vor der Haustür herumstand, frech auf den Kopf gespuckt. Passanten, die das mit angesehen hatten, waren genauso empört wie die Betroffene, aber das prallte an dem frechen Bengel ab, der Wind sei schuld gewesen. Dass obendrein Frau Ciemballa ihren ungezogenen Sohn nicht einmal zu einem Wort der Entschuldigung aufforderte, dass diese Frau auch für sich selber keinen Anlass sah, sich schriftlich am Schwarzen Brett für den unverschämten Vierzehnjährigen zu entschuldigen, das war für Lenchens Mutter zu einem unerträglichen Maß an Verhöhnung angewachsen.

Das Schicksal hatte ihr wiederum bestätigt, sie war die Unterlegene, die Hilflose, die Duldende. Tochter Helene wusste nicht, was sie antworten sollte.

Bis in die Nacht blieb sie in der Küche sitzen, grübelnd, ratlos wie die Mutter. Seit sie in die feine Klasse gekommen war, wurde sie ja selber mit der Situation nicht fertig. Sie musste sich jemandem mitteilen, sie brauchte den Rat eines Menschen, der stark war, sich in den Zeitläufen auskannte. Ob ihr Vater das sein könnte? Zwar hatte er ihr gegenüber nicht gerade das gezeigt, was man eine herzliche Zuneigung nennen konnte, aber wenn sie ihm ihr Herz ausschüttete, ihm Vertrauen entgegenbrachte, würde er sich ihr gegenüber bestimmt weniger kühl verhalten. Sie wusste niemanden sonst.

So holte sie denn einen Briefblock hervor und schrieb und schrieb … über die Bessergestellten, die es mit dem Westen hielten, über die Klassenlehrerin, die die armen Bewohner der Berliner Hinterhöfe nicht für voll nahm, über den Prahlhans Büne, den Grobian Klammer. Und was es denn mit dem Hemingway auf sich hatte, ob denn die Sowjetliteratur nicht viel wichtiger war. Sie hatte so viele Fragen. Durfte denn alles so sein, wie es war?

Nachdem Lenchen ihre Schuld gestanden hatte und die Stunde ihrem Ende zuging, meldete sich plötzlich ihre Freundin Karin zu Wort, sie wollte Lenchen nicht im Stich lassen:

„Ja, also ich denke auch so wie Helene. Meine Mutter hat mir erzählt, dass Sie ihr an dem Elternabend auch nicht die Hand gegeben haben."

Noch ehe Frau Schmiedel sich dazu äußern konnte, rief Inge Bornis unaufgefordert und ohne aufzustehen, in den Klassenraum:

„Lenchens Vater, der lebt ja noch, warum hat sie uns denn den verschwiegen?"
Dabei knuffte sie die vor ihr Sitzende in den Rücken.
„Spielst dich die ganze Zeit als Halbwaise auf", zischte sie.
„Das ist wirklich ein Ding!", meckerten andere.

„Ja", stimmte Frau Schmiedel Inge Bornis' Worten zu, „und dabei ist ihr Vater ein ganz vernünftiger Mann, ein Mensch mit klugen, vernünftigen Ansichten."

Helene mochte nicht glauben, was sie da hörte. Demnach hatte ihr Vater, noch ehe er mit ihr gesprochen hatte, mit der Direktorin ein Gespräch gehabt? Aber die wussten doch gar nichts voneinander, wer hatte die denn miteinander bekannt gemacht? Wer steckte denn dahinter?

Sie fühlte sich verraten, hintergangen. Zu allem Niederdrückenden dieser Stunde auch noch dies. Womöglich war er doch nicht ihr leiblicher Vater?

Wie im Selbstgespräch, den Kopf schüttelnd, sinnierte die Lehrerin: „Warum hat sie das alles nur geschrieben, warum?"

Als hätte er auf einen Startschuss gewartet, stieß der allwissende Hans-Joachim Büne hervor:
  „Aus Unreife."

„Ja", bestätigte Frau Schmiedel, als hätte der kluge Schüler ihre Gedanken auf den Punkt gebracht, „ja, aus politischer und menschlicher Unreife."

Dieses Urteil traf Helene wie ein Fausthieb. Ihr Gesicht schmerzte wie nach einer schallenden Ohrfeige, die ihr Erwin Klammer kürzlich verpasst hatte. Im Deutschunterricht sollte eine Szene aus „Kabale und Liebe" dargestellt werden, Klammer hatte den Musicus Miller zu spielen, sie dessen einfältige Frau. Wo es ihr eben noch Mühe bereitet hatte, den Text mit dem altmodischen Wort Herr Sekertare zu sprechen, schlug der zornige Miller – in Wahrheit produzierte sich der ungehobelte Klammer – ihr mit solcher Wucht ins Gesicht, dass ihr die Tränen in die Augen schossen. Ihre Wange glühte.

Gegen dieses grobe Verhalten protestierten die Mitschüler. Auch Frau Schmiedel wies den Grobian zurecht. Aber das sei im Stück doch so vorgesehen, brummelte Klammer. Helene spielte ihren Part zu Ende. Aber ansehen wollte sie ihr pickliges Gegenüber, das schon mit sechzehn Geheimratsecken hatte, nicht mehr. Was dem Muskelprotz allerdings nicht das Geringste ausmachte.

In Lenchen jedoch reifte der Entschluss, hier überhaupt keinen mehr sehen zu wollen, sie werde hier einfach nicht mehr bleiben, sie werde die Schule verlassen. Wohin?

Hatte sie laut gedacht? Jedenfalls schrillte die Stimme der Direktorin befehlsgewaltig zu allen hin:

„Paschke bleibt!"

Frau Schmiedel verließ den Klassenraum.

Auf dem Heimweg wollte Helene alleine sein. Gewöhnlich gingen die Freundinnen gemeinsam die Stalinallee entlang und verabschiedeten sich in der Nähe des Stalin-Denkmals. Karin bog nach links in die Andreasstr. ab, in der sie mit ihrer Mutter in Stube und Küche eines Seitenflügels wohnte, den der Bombenterror des Krieges zu einem sonnigen Vorderhaus verwandelt hatte. Lenchen überquerte die Stalinallee nach rechts und ging durch die Lebuser zur Friedrichsberger, wo sie mit Mutter und kleiner Schwester in einer kalten Eckwohnung lebte, in die nur in der Frühe hochsommerlicher Tage ein Sonnenstrahl gelangte. Heute verließ Helene die Freundin bereits an der Ecke Fruchtstraße und lief, bis sie auf die Friedhofsmauern in der Friedenstraße stieß. Am Tor eines der Friedhöfe machte sie halt und ging kurzerhand hinein, setzte sich auf eine Bank, die jemand an einer Grabstätte errichtet hatte. Die Schulmappe, eine dunkelblaue Aktentasche aus Kunststoff, stellte sie auf den Erdboden.

Eine noch wärmende Oktobersonne brachte Laub der alten, hohen Bäume zum Leuchten. Hier und da freundliche Farbtupfer von Blumenpflanzen, das dunkle Grün der Wiesen und braune Grabhügel. Die Ruhe des Friedhofs empfand das nachdenkliche, einsame Mädchen als tröstende Stille. Lenchen atmete tief durch, Erleichterung stellte sich jedoch nicht ein.

Sie musste etwas tun, sie musste den Vater zur Rede stellen. Aber wie konnte sie streng sein zu einem Menschen, um dessen Zuneigung sie sich gerade erst bemüht hatte? Sie brauchte Beistand, jemand musste sie begleiten, ein Zeuge musste es sein. Ja, das war's, sie musste einen Zeugen mitbringen.

Sofort fiel ihr ihre Mutter ein. Das wäre normalerweise das Einfachste, aber die ahnte ja nicht einmal, dass die Tochter zu Hans Sandinger Kontakt aufgenommen hatte, dass sie überhaupt von dessen Existenz wusste.

Immer, wenn Helene dieses Thema ansprechen wollte, wich ihre Mutter hartnäckig aus. So kam wohl nur ihre Freundin seit frühen Kindertagen, ihre Fast-Namensvetterin Lena aus dem Nachbarhaus, für einen solchen Gang infrage.

Die Gleichaltrige stand schon fest im Berufsleben. Bei der Großmutter zweisprachig aufgewachsen, hatte sie in einer internationalen Buchhandlung eine Anstellung gefunden und durfte russischsprachige Literatur selbstständig verkaufen. Sie hatte auch schon einen festen Freund, einen Slawistik-Studenten, war selbstverständlich eine fortschrittliche Person, die sich im Leben des Arbeiter-und-Bauern-Staates auskannte:

„Wenn dein Vater bei der Täglichen Rundschau arbeitet, dann ist er auch in der Partei, und als Genosse müsste er eigentlich deinen Kummer verstehen. Und wenn ein Arbeiterkind, wie du es bist, ihn um Hilfe bittet, dann muss er sich einfach kümmern, und wenn er zehnmal nicht dein leiblicher Vater sein sollte.

Ich komme mit."

Der Weg zu Hans Sandinger war sozusagen nur ein Gang um die Ecke. Von der Friedrichsberger galt es nur rechts in die Pali, also die Palisadenstraße, einzubiegen, und nach ein paar Metern waren sie bei dem Haus angelangt, in dem die Sandingers oben im vierten Stock wohnten.

Ehefrau Lisbeth öffnete:

„Ach, du bist es, na, kommt erst mal rein."

Frau Sandinger war eine betuliche, fast betagt wirkende, freundliche Erscheinung mit grauem, wassergewelltem Haar und frisch gestärkter, blauweiß geblümter Schürze. Ohne sich nach Helenas Begleiterin zu erkundigen, bat sie beide Mädchen, in der Küche Platz zu nehmen.

„Hansi ist gerade vom Dienst gekommen und isst in der Stube sein Abendbrot", erklärte sie.

„Das macht nichts", entgegnete die forsche Lena, indem sie die perplex dreinschauende Freundin zur Stubentür zog.

„Wir wollen Ihren Mann nur kurz sprechen, und es ist sehr dringend."

Sie klopfte, wie es sich gehörte, an die Tür, und im selben Augenblick waren die beiden auch schon eingetreten.

Herr Sandinger saß dort am Tisch, um den fünf Stühle gereiht waren, und mühte sich, aus einer reichlich gefüllten Terrine dampfend heiße Suppe zu löffeln. Schweißperlen tropften dem wohlgenährten Mann von der Stirn, und das unverhoffte Eintreten der Mädchen war ihm offensichtlich peinlich. Ungehalten beschwerte er sich bei der noch auf der Türschwelle verharrenden Gattin, sie möge ihm doch nicht immer so viel zu essen auftun, das könne ja kein Mensch schaffen.

„Aber es schmeckt dir doch immer", wagte Frau Lisbeth einzuwerfen, und an die Mädchen gewandt, fügte sie hinzu:

„In all den Notjahren ist es mir gelungen, immer mit guter Butter zu kochen, Vater hätte sonst seine anstrengende geistige Arbeit gar nicht bewältigen können."

„Jetzt ist es aber genug, Frau!", rief der erboste Mann, sprang soweit es seine Schwergewichtigkeit zuließ, vom Stuhl und schob die Frau zur Tür hinaus.

„Bring uns lieber was zu trinken, für mich ein Bier, ein kühles", schickte er hinterher.

„Ich wollte eigentlich nur wissen, was mit meinem Brief ist", brachte Helene endlich hervor.

„Ja", ergänzte Lena, „sagen Sie uns bitte, was Sie sich mit dem Brief erlaubt haben, den Lenchen persönlich an Sie gerichtet hat."

Der Mann schien die Strenge, mit der die Mädchen ihn befragten, nicht zu verstehen. Verlegen ging er ein paar Schritte zum Schreibtisch hin.

„Ja, also der Brief. Mein Kollege wollte nicht glauben, wie es an unseren neuen Schulen so zugeht, da gab ich ihm den Brief zum Lesen, und dann, nun ja, er wollte ihn eben mal kurz behalten ..."

„... mal kurz behalten? Das glauben Sie doch selber nicht", fuhr Lena ihm sichtlich erregt ins Wort.

Eher still und traurig reagierte Helene:
„Du hast m e i n e n Brief an d i c h einem Fremden gegeben, ja dann ..." Sie wandte sich zum Gehen.

„Nun warte doch", bat Herr Sandinger.

„Wir danken Ihnen, und zu trinken brauchen wir auch nichts mehr", warf die Freundin der in der Küche hantierenden Ehefrau zu.

„Komm mal wieder, kommt beide wieder!", hallte es den die Treppen Hinabeilenden nach.

Unten angekommen, konnte Lenchen ihr Unverständnis und ihre Enttäuschung nicht länger zurückhalten. Sie brach in lautes Weinen aus:

„Warum nur hat er ein persönliches Schreiben aus der Hand gegeben? Und warum wollte der Kollege das überhaupt behalten? Der hat's doch weitergegeben! Und wie ist das an die Direktorin gekommen? Ich begreife das alles nicht. Ach Lena, ein Vater, das wäre zu schön gewesen!"

„Ja", tröstete Lena, „das ist wirklich schlimm für dich, aber guck mal, ich habe nicht mal eine Mutter, und du weißt es ja, die wohnt bloß zwei Straßen weiter."

Lenchen umarmte die Freundin:
„Verzeih mir, aber was soll ich bloß machen, ich kann morgen unmöglich in die Schule gehen."

„Nun mach aber mal einen Punkt", herrschte Lena sie an, „du gehst natürlich in die Schule! Sei tapfer, man wird dir schon nicht den Kopf abreißen. Mach das Abitur, es sind ja nicht einmal mehr zwei Jahre."

„Du hast gut reden", seufzte Helene.

„Liebe Helene", erwiderte Lena in beschwörendem Ton, „lass dich nicht von deinem Ziel abbringen. Denk doch mal, wie sehr hast du dich gefreut, als armes Kind auf die hohe Schule gehen zu können. Was lernen, was können, was leisten. Und weißt du was? Ich werde nächstes Jahr die ABF besuchen, dann wirst du mir helfen, ja?"

WAS MEIN HANDY ÜBER CORONA-ZEITEN ERZÄHLT

Dez. 2020–Sept. 2021

Die neunmalkluge Sehnsucht
Die Sehnsucht trifft mich, sagt Guten Tag,
sind Corona-Zeiten, hau wieder ab.

Aber, aber, du Schöne, was ist mit dir los,
ich weiß doch, was vorgeht in deinem Schoß.

Du Neunmalkluge, was drängst du dich auf,
sorg' dafür, dass dein Gegenstand nimmt
seinen Lauf.

Und der Freund sich mir nähert ganz
Wand an Wand,

sonst verlier' ich deinetwegen noch den
Verstand.

Geplänkel
Mit 80 hat man noch Träume.
Da wachsen ja immer noch Bäume.
Mit Blättern fällt Liebesgeplänkel herunter.
Wir sammeln's auf, werden dabei
zusehendes munter.

Wir beide …
Hab' mich eben besonnen,
wie das Glück zu uns kam.
Haben's einfach in die Hand genommen,
fuhren rauf und runter die Achterbahn.

… nicht alleine
Wie wenig doch dazugehört,
sich einander alles zu geben.
Nur Du und Ich.
Als aber die Welt uns empfängt mit
offenem Arm,
fangen wir mit allen freudig zu
tanzen an.

Also Mutti, was du so alles machst, du arbeitest nach fast
einem Jahr wieder am PC, wanderst durch euren Garten, um
blühende Rosen zu suchen, an die 75 hast du gefunden, gratulierst
einer Bewohnerin zum Geburtstag, habt dabei gequatscht und
getrunken, am nächsten Tag schon wieder ein Geburtstag, Erna, die
du auch etwas näher kennst, feiert ihren 96. Und dann bereitest du
dich noch auf eine Lesung vor, die du am Tag darauf zu halten
hast. Und das alles bei der Hitze!!

Ja Antje, mittlerweile bin ich 85 und habe immer noch nicht gelernt, das richtige Maß zu finden.

Gut, dass es unumstößliche, feste Termine gibt:
Wer von der Familie es irgendwie schafft, geht an Vatis Geburtstag zum Friedhof und bringt ihm Blumen. Heute ging Steffen mit mir hin.

Denke gerade an Vati und rede mit ihm, ob ihm unsere Blumen gefallen haben. Ich glaube, die gelben und die lilafarbenen haben es ihm angetan. Hab' mich darüber gefreut.
Weniger froh bin ich, wenn ich an meine einstigen Mitschüler denke, ich denke ja oft an sie. Aber die sind garstig zu mir und schuld hat dieser Herr Lenkwein, der redet nur Schlechtes über mich.

Ach Steffen, wenn doch endlich die Corona-Zeiten vorbei wären!

Wie könntest du hier im Garten des Theresienheims wunderschöne Ablenkung finden oder auch bei so mancher Veranstaltung. Heute z. B. hatten wir in unserer Kapelle einen sehr begabten jungen Tenor zu Gast. Unser Beifall galt natürlich dem Gesang, aber auch seinem charmanten Auftritt, seinem legeren Umgang mit uns, seinem Publikum und – mit sich selbst, wie locker er seine Vorführkleidung von sich warf!

Ja, Mutti, vielen Dank, ich will ja deine Anregungen nicht beiseiteschieben, aber im Myliusgarten, dem Heim, in dem ich schon mehrere Jahre im Betreuten Wohnen bin, bewege ich mich nicht nur auf den Abwegen einsamer Gedanken. Ich wandere oft zum Müggelsee, manchmal auch mit einer Betreuerin, sitze gelegentlich mit Herrn Stoll auf einer Bank im Garten, wo wir über Gott und die Welt quatschen, auch Kartenspiele sind fast in jeder Woche dran, und heute haben wir zu acht Stadt/Land/Fluss gespielt. Und dann, Mutti, die Kochgruppe, da bin ich ja voll gefragt, auch wenn ich die wegen Corona mit weniger Teilnehmern als sonst durchführen musste.

In diesem Sinne weist auch Herr Odebrecht sowie weitere Vertreter der Heimleitung unsere Familie immer wieder darauf hin, uns um Steffen nicht zu sorgen, sie seien dafür zuständig, sie tragen die volle Verantwortung. Ich muss also Steffen recht geben.

Und erstaunlicherweise muss ich erfahren, dass nicht er meine Beratung braucht, sondern im Gegenteil ich auf seine Ratschläge angewiesen bin, wie kürzlich bei unserem gemeinsamen Ausflug zum Müggelsee.

Wir fahren also nach zweimaligem Umsteigen mit der Straßenbahn die Bölsche runter und laufen dann Richtung See. Der Weg dahin, den ich kürzer in Erinnerung hatte, fällt mir schwer. Ob wir lieber gleich in eine Gaststätte gehen?

„Nein", entgegnet Steffen in entschiedenem Befehlston, „du wolltest doch endlich mal wieder ans Wasser, und da können wir uns auch was zu trinken holen."

So geht's weiter bis zum See, und es wurde eine lang vermisste, wunderbare Stunde mit Sonne, Wiese und Wasser ... und sogar mit Musik. Drei Musikanten erfreuten uns alle mit unterhaltsamen Melodien aus ihren Saxophonen. Ich konnte nicht anders, blieb in ihrer Nähe stehen.

Doch was schreckte mich auf? Wieder ein Befehl, ein strenger Befehl meines Sohnes:
„Mutti, du wolltest doch unbedingt ins Restaurant, zum Chinesen, komm jetzt!"

Eine solche Konsequenz, so ein Durchsetzungsvermögen, und das wiederholt, das war mir an Steffen bisher noch gar nicht aufgefallen.
Ich staunte. Ich freute mich.

Brav hebt Steffen seine Hände zum Tanz mit seiner Betreuerin. Schnurstracks wird der Brave zum Befehlshaber, weil er der Mutter die Leviten lesen muss. Da ist er voll im Recht.

Wäre ich sonst am Ende eines solchen Tages lediglich k.o. gewesen, so hat Steffen dafür gesorgt, dass wir von mir selbst gesetzte und gewünschte Ziele erreicht und nicht durch eigene Ablenkungen zunichtegemacht haben.

Die entspannenden Stunden im schattigen Hof der China-Gaststätte „Müggelschlösschen" waren das i-Tüpfelchen des Tages. „Danke, Steffen!"

Für dich, liebes Mäuschen, schnurrt Kater Murr jetzt ein schönes Lied.

Ich bin deine Maus? Seit wann denn das?
Und du bist doch ein Kater, der die Maus fressen will.
Da werde ich aber nicht mäuschenstill sein.

Nicht fressen, sondern liebkosen.
 Weißt du denn nicht, dass Kater Murr ein Kostüm ist, in dem der Mann steckt, der dich liebt?

Kater///Junge///, komm bald wieder

Bald wieder nach Haus,
sonst kann ich nicht bleiben,
nicht bleiben deine Maus.
Muss dann in den Keller wieder,
da hocken ohne dich.
Doch kommst du dann bald wieder,
bringst du in die Sonne mich.

Mein Harri, wenn ich's richtig mitgekriegt habe, hast du mit deinen Leuten sowohl intensive Arbeit als auch ausgiebige Freizeit. Und was bleibt für die Frau, die du doch liebst? Wochenlang nicht mal ein Nachmittag …

Hast du überhaupt mal erzählt, dass du eine Freundin hast?

Hallo, Margot, hier ist dein fröhlicher Wecker. Übrigens Du, meine Freundin? Das ist mir zu wenig.

„Kater Murr" von E.T.A. Hoffmann, Doppelroman über einen Kater als Parodie auf einen Bildungsroman und ein Künstlerroman über einen Musiker, erschienen um 1818.

Gute Nacht, meine Liebe, es war schön, mit dir zu sprechen, schön, dass wir uns mal richtig Zeit dafür genommen haben. Weißt du, ich mag dich wie am ersten Tag. Ich wünschte, ich hätte dich im Arm. Ich brauche dich. Ich will dir hiermit sagen, dass ich dich sehr liebe und du mir so vertraut bist.

Ich bin gerade hellwach, lieber Harri, als wenn ich ahnte, dass mich so bewegende Worte erreichen werden, die ich auf der Stelle als meine eigene Empfindung für dich abschicken könnte.

Ach Mutti, ich freue mich ganz dolle, dass Harri den kleinen, aber bestimmten Warnschuss von dir ernst genommen hat. Er ist eben doch ein Lieber!!!
Übrigens, Norbert hat mir heute die Post gebracht, da war auch das Bild dabei, auf dem du in deiner Lieblingsecke sitzt. Wunderschön!! Danke.

Deine Tochter – Freundin Heike

Lieblingsplatz von Margot im Theresienheim

Schön, dass ich dir eine Freude bereiten konnte. Aber ich nehme an, dass die nicht lange angehalten hat oder zumindest von den Schmerzen überlagert wird, die dich seit Monaten, eigentlich seit Jahren quälen. Auch die lange Zeit im Krankenhaus hat wohl noch keine Erleichterung gebracht?

Gut, dass du fragst. Seit gestern geht es mir besser, bin aber noch in der Schmerzklinik, wurde zwischendurch mal entlassen, Norbert musste jedoch wieder den Notarzt rufen. Jetzt werden neue Strategien erarbeitet, damit ich von der 10 auf der Schmerzskala wenigstens die 6–8 erreiche oder auch die 2–5, alle Bereiche meiner Wirbelsäule sind ja betroffen.

Wenn das gelingt, damit kann ich leben und bald wieder mein Zeug machen (Sauna, Massage, Fiti, Therme, Übungen zu Hause). Und wir wollen doch zusammen essen gehen.

Es gibt doch immer einen Weg, für den man die Kraft hat, ihn zu betreten und zu gehen.

Ja, Mutti, das haben wir von dir und von Vati gelernt. Und weißt du, Norberts Mutti ist vorgestern gestorben, auch das gehört zu unserem Leben.

Bin jedoch sehr traurig, hätte Norberts Eltern gerne in Dahlewitz besucht, doch es klappte und klappte nicht, und da ich nun auch nicht mehr Auto fahre, ist es nahezu unmöglich geworden.

Was ich dich schon immer fragen wollte:
Wie geht's denn deinen Sportsfreundinnen, mit denen du zusammen im Leistungssport warst, als Turnerin hast du doch viele Wettkämpfe durchgestanden.

Ach Mutti, wenn es nur die Wettkämpfe wären. Es ist das sträflich verschwiegene Problem des Dopings an Minderjährigen:
Besonders bei Schwimmerinnen, rhythmischen Sportgymnastinnen und Turnerinnen sind schlimme Veränderungen am Bewegungsapparat und an Organen die Folge.

Mit 7 Jahren begann es mit den Turnerinnen, bei denen man sah:
Die können bei Europa- und Weltmeisterschaften und bei Olympia Medaillen gewinnen.

Und keiner von uns hat davon gewusst, auch unsere Eltern wurden nicht informiert, geheim. Geheim, das war die Devise.

Das ist dann alles in der Gauck-Behörde aus zig Säcken mit Papierschnipseln aufgearbeitet worden. Vor 10 Jahren konnte ich Einsicht nehmen. Ich war 34, die Schmerzen begannen.

Was dieses Doping an Kindern in ihrem weiteren Leben anrichtet, das ist unfassbar. Was du durchmachen musstest, ist mit Worten nicht zu beschreiben. Ich leide mit dir, sofern das überhaupt geht. Deine Tapferkeit bewundere ich, halte durch. Ich wünsche dir eine aushaltbare Nacht.

Für dich, Mutti, vielleicht ein Trost:
Es hat sich ein Doping-Opfer-Hilfe-Verein (DOH e.V.) gegründet, von dem ich gut betreut werde: LWS, BWS, Hüften und gynmäßig ...! Auch dessen Ärzte tun ihr Bestes.
Es gibt aber erst wenige Mediziner, die sich mit gedopten Minderjährigen auskennen oder sich überhaupt damit beschäftigen.

Mutti, deine Antje konnte heute nicht nach Schöneiche kommen, ich hatte Enkeltag, vormittags Ava, die dieses Jahr in die Schule kommt, und nachmittags den kleinen Oskar. War schön und fordernd zugleich.

Da schicke ich dir gleich mal eine kleine Reimerei, die mir für dich eben eingefallen ist:

Das Fordernde gibt Kraft,
so man es schafft.
Und zugleich kannst seh'n,
es macht dich auch schön.

Und dann, Antje, muss ich dir unbedingt noch was erzählen, zum ersten Mal, ich glaube, nach fast einem Jahr, konnte man wieder in eine Gaststätte gehen. Ich war mit Harri bei unserem Inder, draußen, im Freien, halb Sonne, halb Schatten, Essen,

Trinken. Letzteres, da wusste ich einfach nicht, was ich bestellen sollte, kam nicht drauf, was mir da immer geschmeckt hatte, suchte und suchte in der Speisekarte …

Dem setzte der Kellner ein Ende, zeigte lachend auf Ginger-Ale, er wusste also, was ich immer getrunken hatte. Ach, wie mir das schmeckte!

Nichts wie wieder hin!

Das ist ja klasse und liest sich wunderschön. Mich freut, dass ihr wieder in ein Lokal gehen konntet.

Harri, du kennst meine Familie, gehörst inzwischen selber dazu, und dir sind auch Anja und Martin ein Begriff, deren Ehe auf märchenhafte Weise zustande gekommen war. Du weißt aber auch, dass sie nach dem Tod ihres zweiten Kindes tiefes Leid durchstehen mussten. Du konntest nicht zur Beerdigung kommen, deshalb einen kleinen Bericht davon.

Heute, am Samstag, einem schattigen, aber regenfreien Tag im Juli, ist unsere kleine Mia im Friedwald Bernau beerdigt worden. Anja und Martin, ihre Eltern und Oskar, ihr zweijähriger Bruder hatten vieles vorbereitet, um der Trauerfeier für das kleine Mädchen, das nur 6 Tage alt wurde, eine angemessene Lockerheit zu geben. Das ist ihnen in sehr guter Zusammenarbeit mit der Bestatterin Sarah gelungen.

Wir waren 18 Teilnehmer, konnten in dem tiefen Grün des Naturwaldes/Friedwald durchatmen, die Urne mit gut vorbereiteten Farben betupfen, wurden mit ganz individuell verpackten Steinchen beschenkt als Belohnung für die ordentliche Sandbeschüttung der Urne, konnten entspannt zur Andachtsstelle wandern und von dort wiederum bis zu dem Baum, unter dessen weit auslaufenden Wurzeln unsere Mia ihre ewige Ruhe fand. Wer übrigens bei diesem ganzen Zeremoniell einen Fehler machte, etwa zu wenig Sand auf die Urne warf, musste mit der Kritik vom kleinen Oskar rechnen und mehr Sand auf die Urne geben.

In lockerer Runde saßen wir anschließend im Brauhaus Wandlitz, haben dort gelacht und geweint, gegessen und getrunken und uns immer wieder über Mias Bruder Oskar gefreut, mit welchem Geschick er uns seine Lauf- und Kletterkünste zeigte.

Nachdem wir alle wieder zu Hause waren, spürten wir, dass unsere Verbundenheit mit der jungen Familie Skoda tiefer geworden war.

Ich, Heike, konnte ja nicht dabei sein, habe aber gestern noch ganz tolle Verbindung zu Anja gehabt. Ich glaube, Anja und Martin machen das alles bewundernswert, und zugleich verarbeiten sie es wohl etwas leichter. Sehr würdig, von
Anfang an, finde ich.
LG Deine Heike, der es langsam etwas besser geht.

Steffen, ja, ich konnte heut 10 Minuten in der Sonne sitzen, am Vormittag haben wir Heimbewohner eine Bowle hergestellt, die wir am Nachmittag getrunken haben, kam in unserer Kaffeerunde sehr gut an. Für die anschließende Lesung – dass ich einmal in der Woche aus einem Buch vorlese, ist dir ja bekannt – habe ich diesmal Briefe von Jenny Marx an Karl Marx ausgewählt.
Was darin alles zur Sprache kommt, davon habe ich weder in der Schule noch an der Uni auch nur irgendein Wort gehört: diese Armut, diese Anfeindungen! Höchstens noch in den Vorlesungen von Wolfang Harich, aber die dauerten nicht lange, weil die wiederum der in der DDR herrschenden Partei feindlich erschienen.

Dass das Leben von Karl Marx auch für einen zu Unrecht aus der SED Ausgegrenzten zu einem tröstenden Beispiel wird, beschreibt Irina Liebmann in ihrem interessanten Buch über ihren Vater Rudolf Herrnstadt*:
„Sein Buch über den Kommunistenprozess 1850 ist so sehr von Marx und Engels bestimmt, dass ich vermute, er hat zum ersten Mal Zeit gehabt, deren Arbeiten gründlich zu lesen, und

das muss seine Rettung gewesen sein. Die Kraft, die aus der einen Sprache kam.

Und etwas anderes auch: das Alltagsleben der beiden. Die Armut von Marx, die Isolierung, die Anfeindungen – war das nicht alles so wie bei ihm?"

Steffen, entschuldige, wenn ich mich über ein Buch ausgelassen habe, das dich vielleicht weniger interessiert. Aber erinnerst du dich, Irina Liebemann „Wäre es schön? Es wäre schön!"

Mein Vater Rudolf Herrnstadt, erschienen 2008
im Berlin Verlag, S. 375

Dass Vati seinerzeit am Institut in Rahnsdorf auch eine sehr harte Art von Ausgrenzung ertragen musste?

Doch für Heike wäre das wohl eher was, kannst du ihr die SMS weiterleiten?

Liebe Franzi, dein Job als Lehrerin muss dich in letzter Zeit ganz schön gefordert haben, dabei übst du diesen Beruf ja, wie ich dich kenne, mit Leib und Seele aus. Lange haben wir kaum was voneinander gehört. Heike deutete mir an, dass dich neue interessante Aufgaben erwarten, aber so richtig habe ich's nicht mitgekriegt, bin auf deinen Besuch in den nächsten Tagen gespannt, freue mich auch auf Rabea und Frederik. Hat der es immer noch mit der Musik? Doch Auftritte mit seinen Leuten werden in diesen Zeiten wohl nicht stattfinden können?

Ich hatte mir für dieses Jahr eine Reise nach Ratzeburg vorgenommen, wo wir beide uns schon lang zu längerem Gespräch getroffen haben. Ich glaube, auch Harri war dabei.

Vielleicht, Paula, klappt es September/Oktober.

Guten Abend, meine liebe Oma, das freut mich sehr. Und wenn du sogar mit dem Auto kommen kannst, prima!

Ganz liebe Grüße von deiner Enkelin Paula, die dich sehr lieb hat. Alle meine Siebenbäumer grüßen dich, Andreas, Nele und Leander.

Noch eine Frage zu Leander, er hat mir doch öfter Landschaftsbilder geschickt, die er in so schönen, aufeinander abgestimmten Farben gemalt hat – eins davon hängt bei mir im Zimmer –, und jetzt höre ich, er ist aktiver Fußballfreund, macht sogar den Torwart. Wenn sich bei meinem Besuch in Siebenbäumen die Möglichkeit ergibt, ihn in einem Wettkampf zu erleben, das wäre klasse.

Liebe Skodas, ich meine natürlich Anja und Martin,

ich würde mir gerne mal Eure neue Wohnung am David-Friedländer-Weg ansehen. – Geht nicht.
Würde gerne mal mit Eurem Oskar durch unseren schönen Garten im Theresienheim spazieren. – Geht nicht.
Würde gern mal mit Euch im Yard sitzen und einfach quatschen. – Geht nicht.
Was geht denn? Wütend werden. – Geht aber auch nicht, ich will ja keine Furie werden.
Was bleibt mir übrig? Warten auf morgen.
Aber im Wartesaal sitzen, gefällt mir auch nicht.
Ich gehe jetzt los zur Seniorengymnastik. Was tun!

Mutti, gegen Ende meiner Krankenhauszeit bin ich, deine Heike, auf viele Keime, Bakterien, Geschlechtskrankheiten und schwere Infektionskrankheiten der ganzen Welt (z. B. Gelbfieber) getestet worden.

Nichts gefunden. Klasse!
Jetzt wird die Lunge noch auf verdeckte TBC-Stellen gecheckt.
Dann ist der Weg frei für die beste Therapie mit Biologika (künstlich hergestellte Eiweiße). Das ist eine Injektionstherapie, erst im Abstand von 2 Wochen, dann von 4 Wochen usw.

Das wäre ein Erfolg, wenn ich das bekommen könnte.

Seit gestern Abend zu Hause, die 1. Injektion noch im Krankenhaus, die 2. in einer Praxis mit ausgiebiger Kontrolle, Dauer von 4 Stunden.

Jetzt muss ich mich nach 2 Monaten Krankenhaus erst mal wieder zurechtfinden. Und beim Essen muss ich Erfahrungen sammeln, was macht die wenigsten Schmerzen. Aber das bekomme ich hin, da bist du mit deiner Lungenfibrose mein Vorbild.

Überhaupt, ich bin stolz, so eine Mutti zu haben. Meine Freundin Uta Erler – du kennst sie ja – bewundert dich, da du ja auch so viele „Baustellen" hast wie Utas Mutti, die das aber nicht so gut angeht wie du, mit starkem Willen.
Chapeau!!!

LG Deine Tochter – Freundin Heike

Heike, du unterschreibst deine Texte an mich oft als Freundin und Tochter. Kannst du dich noch erinnern, wann und wie und warum diese Freundschaft entstand?
Ich schicke dir mal die Geschichte dazu:

Was ist ein Komma
oder
Meine beste Freundin

Jeder Weg ist dicht besät
Es raschelt, wenn man geht

Diese Worte begleiten uns in den Herbsttagen, wenn ich Töchterchen Heike zum Kindergarten bringe, eine tägliche Gewohnheit. Doch heute – die kleine Wanderung wird unterbrochen, Heike bleibt einfach stehen.

„Mutti, sag' mal, was ist ein Komma?"

Warum will eine gerade mal Fünfjährige so etwas wissen?

„Wie kommst du denn darauf?"

„Na ja! Vati und du, ihr habt euch doch gestern richtig darüber gestritten, und du selber hast laut geschimpft."

Ja, ja, das Kind hat recht, doch schuld war nicht das brave Satzzeichen, sondern meine Chefin, die uns jungen Leuten untersagt, die Texte unserer Zeitungsmitarbeiter gründlich zu prüfen, wir hätten nur darauf zu achten, ob Punkt und Komma richtig gesetzt sind. Dass die kleine Heike diesen Zusammenhang nicht erkannte, war ihr natürlich nicht übel zu nehmen.

Ihre Frage bewegte mich jedoch noch Stunden, ja Tage und Wochen danach. Ich bin erstaunt und freue mich, wie die Kleine sich für meine Arbeit interessiert. Und genau darauf baute sich der Grundstein unserer Freundschaft auf.

Tochter Heike wurde damals meine beste Freundin, und heute – sie ist inzwischen um die 60 – behauptet sie sich in meinem gewachsenen Freundeskreis immer noch als meine beste Freundin.

Kommunikation während Coronazeiten

Der Kuss, Harri, den du mir gestern geschickt hast, sei von 7 Mann überbracht worden.

Nanu, ist der denn so schwer?

Na, du weißt doch, der Zahnarzt hat mir 'ne Menge neuer eingebaut, und damit umzugehen, …

Also, ich bin baff, in dieser misslichen Situation entwickelst du einen Humor, der mich zum Lachen bringt, mich sogar zu einem Kompliment für dich verleitet.

Zudem ist mir deine Lage aus eigener Erfahrung sehr bekannt, mir wurden ja 10 neue verpasst.

Die lassen übrigens deine 7 herzlich grüßen.

Darüber freuen sich meine Neuen sehr und grüßen zurück.

Mein Bester, Fleißigster, lass dich vom Arbeitspensum nicht unterkriegen. Gönn' dir Pausen, in denen du einfach mal so dahinträumst.

Vielleicht von einem Sommerhäuschen am Märchensee?

Heute konnten wir uns im großen Saal des Theresienheims wieder mal einen Film mit André Rieu ansehen, in dem er einleitend ein paar Worte über die Liebe sagte; sie mache glücklich, könne aber auch schmerzhaft sein, wenn der Partner längere Zeit, mehrere Monate weg sei. Davon könne die weltbekannte Sopranistin Laura ein Lied singen. Und dann betrat die Sängerin die Bühne, sang „besamé mucho". Viele der Zuschauer in Maastricht hatten Tränen in den Augen und auch in Schöneiche.

Dieses Lied, ja, das ganze Konzert war ein wunderbares Erlebnis, und ich denke dabei auch an die Worte meiner Hamburger Brieffreundin, die es toll fand, noch eine neue Liebe gefunden zu haben:

„Gerade jetzt sind Sie und Ihr Partner nicht allein."

Indes, was vom fernen Hamburg nicht zu sehen ist: Ich bin wieder mal allein, bald ein Vierteljahr haben wir beide uns in dieser andauernden Pandemie-Zeit nicht gesehen. Von seinem Job in Sachen Carsharing wird er ganz und gar vereinnahmt, und es gefällt ihm wohl auch ...

Doch halt! Ich selber hab's doch so gewollt, habe ihm geraten, sich neben den Alltagsverpflichtungen im Rentnerdasein noch irgendeiner weiteren Aufgabe/Tätigkeit/Beschäftigung zu widmen, wie ich es ja auch gewöhnt bin.
Ja, Harri, wie sagt man? Die Suppe, die man sich selber einbrockt, muss man auch selber auslöffeln.

Bevor ich jedoch zum Löffel greife, stärke ich mich mit einem Eierlikör, den ich sogar auf dein Wohl trinke, und weißt du, was mir dabei durch den Kopf geht?

Wenn wir uns wiederum nicht sehen, nichts gemeinsam unternehmen, wenn das erneut die Dauer eines Vierteljahres übersteigt, dann ... fall' ich aus der Rolle ..., dann, mein lieber Scholli ...

Du bist ja ein regelrechter Glückspilz, Harri, denn mir fallen gerade Briefe in die Hand, die du mir mal – vor einem Jahr oder vor drei? – geschrieben hast, da kann ich nicht einfach aus der Rolle fallen. Was für eine tiefe Liebe, still und sehnsuchtsvoll, kommt da zum Ausdruck, so innig, mit so viel Freude auf unser Wiedersehen. Und vor allem, dass deine, unsere Liebe von Dauer ist, uns glücklich macht.
Das alles von dir zu lesen, ja, zu hören, bewegt mich sehr.

Meine Liebe, deine Worte gehen auch mir zu Herzen.
Ich würde die Briefe heute wieder so schreiben.

Die tief berührende Freude, die deine SMS mir gestern bereitet hat, wird heute noch von der Natur unterstrichen:

Im Sonnenschein lässt sich der Grünspecht wieder vor meinem Fenster sehen, und sogar Rotkehlchen und Gartenrotschwanz kommen angehüpft.

Auch dir wünsche ich bei anstrengenden Arbeiten freudige Momente.

Hallo, Margit, jetzt hältst du einen weiteren Brief von mir in deinen Händen, der wie die anderen als eine Liebeserklärung an dich gedacht ist.

Als ich von deiner Reha-Kur in Bad Belzig hörte, konnte ich mir nicht vorstellen, was für ein umfangreiches Programm dich erwartet. Die Maßnahmen sind ja nicht nur auf die betroffenen Körperstellen gerichtet, sondern umfassen den ganzen Patienten, da ist der Erfolg vorprogrammiert.

Ich muss also auch anfangen, an meiner Fitness zu arbeiten, ich denke da z. B. an den Silvestertanz. Es hat mich sehr gefreut, zu sehen, dass die Heilung deines Beines vorangeht, dein Gehen ist viel besser als vorher. Auf der Rückfahrt hat Steffen seine Sache als Copilot wieder sehr gut gemacht, konnte mir hilfreiche Hinweise zum Fahrweg geben. Zum Schluss hat er sich für das Mitnehmen bedankt und freut sich auf die nächste Fahrt zu dir.

Auch ich freue mich darauf und kann nur immer wieder sagen:
Ich habe eine wundervolle, warmherzige, kluge, selbstbewusste und liebevolle Frau gefunden, der ich voll vertraue und die ich immer lieben werde.

ANHANG

Der Zufall will es, dass im entfernten Berlin etwa zur gleichen Zeit Rudolfs künftige Ehefrau, die er fünf Jahre später kennenlernen wird, ebenfalls vom Roman „Der Mut" schwärmt. Gemeinsam mit ihren Freundinnen nimmt sie sich an den darin geschilderten jungen Menschen ein Beispiel. Wie diese will sie tatkräftig eine neue Gesellschaftsordnung mitgestalten helfen. Und wie Rudolf in Dresden will auch die Berlinerin die Möglichkeiten zum Lernen, die der neue Staat ihr bietet, fleißig nutzen. Konnte doch auch sie seinerzeit kein Gymnasium besuchen. Frl. Springer, die sozial engagierte Lehrerin, die ihre Mutter von einem solchen Besuch überzeugen wollte, musste notgedrungen einsehen, dass in dem kärglichen Zuhause des Mädchens kein Geld für den Besuch einer höheren Schule aufzutreiben war. Aber, so ihre Zuversicht, es würden bald Aufbauklassen ins Leben gerufen werden, in denen Kinder mittelloser Schichten ihren Weg zur Hochschulreife gehen können.

Und so kommt es auch. Was für Rudolf die ABF in Dresden ist, wird für Margot die Händel-Oberschule in Berlin-Friedrichshain, in der es seit 1950 eine 9. Klasse mit Schülern gibt, die 8 Jahre die Volksschule besucht hatten. Das Lernen ist mehr als Pflicht, wird zur Freude und leidenschaftlichen Aufgabe. Bücher wandern von Hand zu Hand wie bei den wissensdurstigen Komsomolzen in dem Roman „Der Mut" von Wera Ketlinskaja, der wie von den Dresdnern auch von den Berlinern gelesen und als Anregung für eigenes Handeln verstanden wird.

Neben den russischen Büchern behauptet sich hier auch das Buch eines Amerikaners, der Roman „Spucke und Sterne" von Robert Mende wird zum Favoriten gewählt. Margot mag es schon deshalb, weil Gregg, der junge Held, in der beengten Wohnung einer Mietskaserne lebt, genau wie sie, und er es dort täglich mit Scharen herumkriechender Küchenschaben zu tun hat, genau wie sie sogleich die fetten Wanzen vor Augen hat, die nachts an Wänden und in Betten kleben und krabbeln.

Aber vor allem deshalb, weil sie sich mit dem leidenschaftlichen Lerneifer des jungen Gregg identifiziert und in ihrer wachsenden Freude am Lesen bestärkt wird. Wieder und wieder blättert sie in den Seiten, in denen ein Freund Greggs diesem von der Lernmotivation des Schriftstellers Jack London berichtet:

„Gut. Einmal hat er sich in ein Mädel verknallt, ein Mädel aus wohlhabenden Kreisen … Wie Dreck haben sie ihn behandelt, bloß weil er ein armer Teufel war, ein armer Seemann, der aus einer armen, schwer arbeitenden Familie kam, sie selber hingegen stammten aus reichen Kreisen, waren Finanzleute, hatten ausnahmslos die Universität besucht. Jack London wusste, er hätte die ganze Bande zusammendreschen können, eine Hand dabei auf dem Buckel festgebunden. Nur was Bildung und Wissen anging, da waren sie ihm über.

Und in diesem Augenblick hat sich Jack London geschworen: Denen will ich's zeigen! Dem reichen Pack will ich's beweisen, dass ein armer Teufel genauso viel wert ist wie sie! Während der nächsten zwei Jahre hat er also gelesen. Hunderte und Aberhunderte von Büchern. Jeden Tag zur Bibliothek gegangen. Jeden Tag geochst.

Mit nicht mehr als vier Stunden Schlaf pro Nacht.

Eines Tages hat er dann eine Einladung bekommen; das reiche Mädel gab eine Gesellschaft. Auf dieser Gesellschaft haben ihre Freunde geschwollene Reden geführt, die mit ellenlangen Fremdwörtern nur so gespickt waren. Na, Jack London hat sich das ruhig angehört, ohne eine Silbe verlauten zu lassen. Die hochnäsige Blase hat also gemeint, er schweigt stille, weil er ein Dummkopf ist und nichts von dem versteht, was sie da verzapfen. Aber wart nur!

Mit einem Mal taucht da ein Universitätsprofessor auf, weitaus der Klügste von allen. Und Jack London fängt an, auf ihn einzureden, spricht über gewichtige Themen wie Philosophie und angewandte Wissenschaften und so 'n Zeug und gebraucht noch viel längere Fremdwörter als vorher die hochnäsige Blase.

Als Jack London mit Reden fertig war, und der Universitätsprofessor – bedenke: der Klügste in diesem Kreis – ihm die Hand schüttelt und sagt: ‚Sie haben vollkommen Recht, Mr. London!‘, da hat die eingebildeten Kerls doch fast der Schlag getroffen."

Aus: Robert Mende „Spucke und Sterne"
Verlag Volk und Welt Berlin 1950, S. 55/56

Die Autorin

 Margot Gerisch wurde 1935 in Berlin
geboren. Als der Vater fiel, fand die
Familie Zuflucht in der Kellerwohnung
von Onkel Alfred. Später stiegen
sie auf in eine dunkle Hinterhof-
wohnung. Mit 39 Jahren starb ihre
Mutter. Margot studierte Germanis-
tik, heiratete mit 21, wurde Mutter.
Sie bezogen eine Neubauwohnung
und später ein Haus in Schöneiche bei Berlin. Es
folgten zwei weitere Kinder und Margot Gerisch
promovierte zum Dr. phil.

Von 1959 bis 1969 war sie Redakteurin der
Wochenzeitung „Sonntag", anschließend stellver-
tretende Chefredakteurin der „Weimarer Beiträge",
stellvertretende Schulleiterin, Mitarbeiterin des
Demokratischen Frauenbundes Deutschlands und
Mitarbeiterin im Ministerium für Kultur. 1990 ging
Margot Gerisch unfreiwillig in den Vorruhestand.
Sie gründete die Schreibwerkstatt in Schöneiche.
Zuletzt war sie verwitwet und hielt sich mit Lesen,
Schreiben und geselligen Runden geistig und
körperlich fit.
Sie starb am 26.10.2022.

novum VERLAG FÜR NEUAUTOREN

Der Verlag

*Wer aufhört
besser zu werden,
hat aufgehört
gut zu sein!*

Basierend auf diesem Motto ist es dem novum Verlag
ein Anliegen, neue Manuskripte aufzuspüren, zu ver-
öffentlichen und deren Autoren langfristig zu fördern.
Mittlerweile gilt der 1997 gegründete und mehrfach
prämierte Verlag als Spezialist für Neuautoren in
Deutschland, Österreich und der Schweiz.

**Für jedes neue Manuskript wird innerhalb we-
niger Wochen eine kostenfreie, unverbindliche
Lektorats-Prüfung erstellt.**

Weitere Informationen zum Verlag und
seinen Büchern finden Sie im Internet unter:

w w w . n o v u m v e r l a g . c o m